15/2/54

Danie

Le cinéma c'est bien beau avec ses marquises et ses grandes vedettes...

Mais il y a aussi "Hollywood en Folly wood", en arrière du décor; celui que nous connaissons — et dont il est question ici...

SILENCE, ON COUPE!

Données de catalogage avant publication (Canada)

Lussier, Luc, 1952-

Silence, on coupe! : projet de lettre d'un assistant caméraman montréalais à son beau-frère tourangeau qui est médecin du travail dans une centrale nucléaire à Chinon

(L'Arbre HMH)

ISBN 2-89045-973-X

I. Titre. II. Collection.

PS8573.U837S54 1992 C843'.54 C93-096010-6
PS9573.U837S54 1992
PQ3919.2.L87S54 1992

Le Conseil des Arts du Canada a accordé une subvention pour la publication de cet ouvrage

Illustration et maquette de la couverture:
Olivier Lasser

Éditions Hurtubise HMH Ltée
7360, boulevard Newman
Ville LaSalle (Québec)
H8N 1X2
Canada
Tél: (514) 364-0323

ISBN 2-89045-973-X

Dépôt légal: quatrième trimestre 1992
Bibliothèque Nationale du Québec
Bibliothèque Nationale du Canada

Imprimé au Canada

LUC LUSSIER

SILENCE, ON COUPE!

Projet-de-lettre-
d'un-assistant-caméraman-montréalais-
à-son-beau-frère-tourangeau-
qui-est-médecin-du-travail-
dans-une-centrale-nucléaire-à-Chinon.

COLLECTION L'ARBRE

AVRIL 1990

Silence, on coupe !

Qu'est-ce qui poussait Robert à vouloir écrire à son beau-frère ?...

Ils ne s'étaient rencontrés qu'à deux reprises et à chaque occasion ils ne s'étaient que très peu parlé. La première fois remontait à six ans, peu après la naissance de Jeanne-Laurence, lorsque Robert était allé en France accompagné de sa fille et de Christine, son épouse. En deux semaines, avec Robert au volant de la BX14 de son beau-père, les trois avaient parcouru plus de quatre mille kilomètres pour rendre visite aux frères et sœurs de Christine, ainsi qu'à quelques amis, sans compter un petit saut de l'autre côté de la Manche pour rencontrer un caméraman[1] que Robert avait assisté l'année précédente et qui avait peut-être quelque chose en vue. Les deux beaufs s'étaient rencontrés une deuxième fois lorsque Jean avait habité chez sa sœur pendant quelques jours lors d'un congrès sur la médecine du travail, à Montréal. Vu l'horaire chargé de Jean, et aussi parce qu'il ne parlait jamais beaucoup et, d'autre part, parce que Robert venait de commencer à travailler sur un long métrage, les beaux-frères n'avaient pas vraiment fait plus ample connaissance, bien qu'ils avaient un intérêt commun pour l'écriture : Jean depuis qu'il savait lire et écrire ; quant à Robert, c'était beaucoup moins net. Selon Christine, son frère avait toujours été comme ça. Tout jeune il disait qu'il se marierait à vingt-cinq ans et qu'il aurait deux enfants : un garçon et une fille. Et c'est ce qui était arrivé, dans cet ordre-là. Il ne donnait jamais l'impression de douter de quoi que ce soit et les rares occasions où il parlait, il ne discutait pas : il affirmait. Par contre il passait des heures et des heures à écrire des pages et des pages au crayon de plomb. Des pages qu'il ne faisait jamais lire à personne. Pour Jean l'écriture semblait être une sorte de gymnastique quotidienne : quelque chose que l'on fait parce qu'il faut le faire et qui ne présente pas d'intérêt pour les autres. Il avait atteint les cinq pages par jour vers onze ans, et depuis, il les écrivait beau temps mauvais temps, même le jour de ses trente-neuf ans qu'il avait eus tout récemment. Ce qu'il faisait de ses pages, personne sauf lui n'aurait pu le dire. Mais puisqu'il n'en parlait pas, on n'en savait rien. Pour Robert l'écriture c'était tout autre chose. Deux ou trois fois par année il noircissait quelques feuilles de papier, le matin, après avoir mal dormi, étant convaincu qu'il n'arrivait pas à trouver le sommeil parce que le temps de dire ce qu'il avait à dire était arrivé. En effet, depuis le temps qu'il observait les gens avec qui il travaillait... et tous ces tournages dans des pays que bien des gens n'arrivent même pas à situer sur une carte géographique (comme le Tonga qui n'est pas un pays d'Afrique mais un État indépendant, sous protectorat britannique, qui fait partie de l'archipel de Polynésie). Et toutes ces vedettes avec qui il avait aussi tourné : Jeanne Moreau, Klaus Kinski, Nastassja Kinski, Burt Lancaster, Claudia Cardinale et Margot Kidder, la femme de Superman, pour n'en nommer que quelques-unes. Et derrière la caméra[2], Ernest Day (le cadreur[3] de *Lawrence d'Arabie* et le directeur-photo[4] de *Passage To India)*, John Alcott (le regretté D.P. de plusieurs films de Stanley Kubrick), Marc Champion (qui a été deuxième assistant à la caméra[5] sur *Et Dieu créa la femme* avant de faire treize films comme cadreur avec Jean Gabin), Claude

Chabrol, Gilles Carle, Denys Arcand, Sergio Leone et d'autres encore. Il ne pouvait pas ne pas avoir des choses à raconter! Et il y avait aussi la vie de plateau[6] avec ses horaires complètement insensés où chacun, soit à tour de rôle, soit en petit groupe ou encore dans le cadre d'une mêlée générale, déclare qu'un tel ou tous sont irrécupérablement fous; comme cette nuit à Saint-Constant, sur le bord de la track du Musée du Rail, à l'occasion d'une sixième journée consécutive de plus de quinze heures, la nuit, dehors, au grand vent, sous la neige fondante de fin d'automne, avec un réalisateur[7] qui est tellement déconnecté qu'il porte le même pantalon déchiré depuis trois semaines et une assistante réalisatrice[8] qui vient d'être plaquée par son chum après 17 ans, ce qui ne l'empêche pas, bien au contraire, de gueuler dans son mégaphone, juste derrière la caméra. Et les wrap parties[9] des fins de tournage avec des lignes de coke longues comme ça... et tout le reste dont on met des jours à récupérer, à condition d'arriver à un niveau de lucidité suffisant pour se rendre compte que pendant un certain temps, on l'a perdue. Et il y avait aussi son travail de pointeur (assistant caméraman)[10] dont le commun des mortels ignore l'existence même alors que les gens de cinéma savent bien, eux, que plus d'un assistant s'est finalement décidé à devenir caméraman après s'être planté, car c'est plus facile de se justifier au niveau esthétique qu'au niveau technique. Par exemple: une image floue (hors-foyer)[11], ou une rayure sur le négatif, ou bien une pièce d'équipement (parmi les centaines du département caméra) qui ne fonctionne plus ou qui a été perdue par une nuit sans lune dans la flore laurentienne, ça relève de la responsabilité de l'assistant et le caméraman n'en a rien à foutre. Les « artistes », c'est bien connu, se doivent de ne rien vouloir savoir des problèmes de ceux qui sont là pour les seconder. Des assistants, il y en a plein le bottin du syndicat... et puis un peu de changement ça n'a rien de désagréable et même que ça rappelle à tout un chacun qu'il n'est pas irremplaçable. Un bon caméraman c'est un « artiste » (un vrai-vrai) et un contremaître: un vrai-VRAI-VRAI... Robert, lui, se rappelait les heures passées à écouter plus d'un caméraman lui expliquer (vidant un verre de scotch après l'autre) qu'il était aussi bon et même meilleur que les autres caméramen... mais que son problème c'était qu'il ne savait pas se vendre. Robert avait appris, au fil des années, que lorsqu'un caméraman enclenchait sur cet air-là, il était mûr... Il fallait le laisser continuer encore un peu (en abondant dans son sens) avant de lui retirer sa bouteille (sans qu'il s'en rende trop compte) afin que le lendemain il puisse se rappeler, par lui-même (avec peut-être juste un tout petit peu d'aide) qu'il avait enfin trouvé quelqu'un qui le comprenait. Le *brown nosing*[12] (léchage de cul) existait sûrement depuis toujours et le cinéma n'était pas le seul endroit où il sévissait; mais Robert se disait de plus en plus fréquemment que ça ne pouvait pas être pire ailleurs et il le croyait réellement. C'était là qu'il entendait rejoindre son public le jour où il pondrait son gros livre. Il serait question de bien d'autres choses encore, évidemment. Avoir le nez brun versus lécher un cul par exemple... Robert se disait que c'était son devoir de mettre en évidence ces deux façons inconciliables d'aborder le réel. Il parlerait par la même occasion d'autres différences qu'il jugeait significatives entre les Américains, les Australiens, les Anglais, les Québécois, les Belges et les Français. Évidemment... il y aurait aussi des anecdotes de tournage dans son livre, non pas pour satisfaire la curiosité malsaine des lecteurs, mais plutôt par nécessité, afin d'alléger l'atmosphère infernale de l'univers qu'il allait créer (à côté duquel Une journée dans la vie d'Ivan Denissovitch se comparerait à la comtesse de Ségur mais en plus gai). Ainsi il ne raconterait probablement pas la fois où un caméraman (Donald...) avait été déposé sur un glacier avec quelques autres personnes afin de faire des plans[13] du paysage arctique et que, se sentant de plus en plus envahi par une envie de chier, Donald était allé prendre une marche sur le petit îlot de glace. Il avait alors dézippé la fermeture-éclair de sa combinaison et il s'était soulagé en se sentant un peu coupable de salir un si beau paysage. Mais son sentiment de culpabilité avait rapidement cédé la place à un autre type de réflexion lorsqu'il avait remis son capuchon qu'il avait oublié d'écarter de la trajectoire de ses déchets corporels... Parfois Robert se mettait à planer de plus en plus haut, tout en sachant, au fond de lui-même, que plus il attendrait pour écrire son livre, moins il oserait le faire, car il ne pourrait qu'être déçu par le résultat qui ne justifierait jamais toutes ces années pendant lesquelles il s'était dit qu'il « accumulait du matériel ». Quelquefois il devenait plus évident pour Robert qu'il avait pris le moyen le plus sûr de ne pas écrire. Cela se produisait surtout lorsqu'il crawlait le kilomètre quotidien qu'il s'imposait entre deux contrats pour garder la forme. Tant qu'il stockerait du matériel... il pourrait continuer, quand il ne travaillait pas, à aller faire ses courses, cinq ou six fois par semaine, sur la rue Saint-Laurent : une habitude qu'il avait contractée avec sa première femme, une quinzaine d'années plus tôt, peu de temps après le mariage qui les avait unis pour le meilleur et pour le pire (et surtout pour les cadeaux), l'année même où ils avaient célébré chacun à tour de rôle, elle en premier, leur vingt et unième anniversaire de naissance. À cette époque-là il étudiait encore l'histoire de l'Art et le cinéma et Suzanne était secrétaire à Radio-Canada. C'était une période entre deux : après l'Expo et avant les Olympiques. Le Parti québécois n'avait pas encore pris le pouvoir mais un vent d'euphorie soufflait déjà. À Sir George Williams il y avait presque toujours davantage de Français que d'Anglais dans les cours de cinéma et les discussions avaient lieu dans la langue de la majorité. Le Québec planait et Robert encore plus que d'habitude... Il avait beau regarder tout autour, il ne voyait pas qui d'autre que lui réunissait toutes les qualités nécessaires pour être et définir le Nouvel Homme : un ÊTRE parfaitement bilingue qui tenait à la fois de l'Amérique et de l'Europe (le Québec c'est un peu la France in America), un ÊTRE qui ne perdait pas de vue le passé mais qui regardait vers l'avenir (études en religiologie et en histoire de l'Art mais aussi en cinéma), un ÊTRE qui alliait la finesse d'esprit et le goût d'agir (cours classique et président du ciné-club du cégep Maisonneuve), un ÊTRE qui possédait la connaissance mais qui n'était pas élitiste (ayant, pour ainsi dire, été élevé dans le bar d'un hôtel de campagne), un ÊTRE qui... etc. etc. Il laissait tout le monde s'agiter, brasser de l'air, préférant garder l'anonymat jusqu'au moment opportun : le moment où il sortirait de l'ombre, comme si de rien n'était. Et puis il avait osé montrer le bout du nez et puis il était retourné se cacher en se disant qu'il valait mieux attendre car les gens étaient décidément trop distraits pour l'apprécier à sa juste valeur. Il avait commencé par lâcher ses études lorsqu'il avait trouvé du travail comme troisième assistant réalisateur (poste qui n'avait de glorieux que le mot réalisateur) sur un long métrage québécois à petit budget où l'on avait différé 50 % de son très maigre salaire. Il n'avait jamais touché cette somme car le film n'avait pas fait d'argent. Pendant ce tournage il avait aidé un caméraman, venu faire des plans additionnels, à transporter son matériel de prise de vue. Ce dernier lui avait immédiatement proposé de travailler avec son ancien assistant qui avait décidé de devenir caméraman à son tour. Robert, qui n'avait jamais été intéressé par la caméra autrement que pour faire ses films à l'université (car il n'arrivait pas à imaginer qu'il existait un étudiant au monde qui puisse traduire en images la subtilité de son imaginaire), avait fait part de son inexpérience technique au caméraman. Ce dernier lui avait répondu qu'il serait comme bien d'autres assistants et que s'il écoutait comme il faut, tout irait très bien. Dans ce temps-là on aimait bien les débutants qui n'en savaient pas trop : ce qui était tout naturel dans le cadre d'une industrie naissante. Robert possédait le profil recherché et c'était comme ça qu'il était devenu pointeur, en attendant de percer. Dans ce but il avait écrit un scénario de long métrage qui était resté à l'état de projet malgré une subvention de la SDICC (rebaptisée Téléfilm Canada depuis) pour la réécriture. Il avait aussi réalisé quelques courts métrages que la télé avait achetés et dont on n'avait pas du tout parlé. En outre il avait réussi à se faire rouler par le caméraman qui l'avait encouragé à devenir assistant. Celui-ci était aussi un petit producteur[14] et il avait fait des belles promesses à Robert qui avait écrit, sans être payé, des synopsis divers en vue de projets qui ne se concrétisaient pas (ou desquels on l'écartait, lorsque exceptionnellement, il y avait un peu d'argent à se mettre dans les poches). Kinébec avait fait faillite et Robert était retourné lécher ses plaies dans son coin. Il avait pris son travail d'assistant plus au sérieux (le plus qu'il le pouvait considérant son incapacité presque totale à comprendre quoi que ce soit de technique) et lentement et péniblement, il s'était fait une certaine réputation. La principale qualité qu'on lui reconnaissait était qu'il ne voulait pas être caméraman, ce qui ne lui demandait aucun effort puisque, de toute façon, il n'aurait jamais pu imaginer apporter un support créatif à une idée qui ne venait pas de lui. Pour cette raison, il ne respectait pas beaucoup les caméramen, eux qui vendaient leur « talent créatif » au plus offrant. Robert avait des comptes à régler avec le cinéma et il se demandait s'il aurait assez d'une vie pour l'injurier à son goût. Tant qu'on avait fait des films à la tonne il ne s'était pas inquiété. Mais les effets du libre-échange avaient déjà fait leur ravage depuis un certain temps et plus le dollar américain se rapprochait du billet vert canadien, moins nos voisins du Sud avaient de raisons de venir tourner chez nous. Au moins les Américains payaient bien ; ce qui aidait à les supporter. Faire du cinéma en famille, Robert étouffait juste à y penser. Ceux qui trouvaient qu'il y avait assez de « léchage de cul » comme ça n'avaient qu'à bien se tenir. Le droit d'aînesse, le frère de..., le mari de..., on ne saurait plus où donner de la langue... Sans compter l'incontrôlable manie québécoise de proclamer des génies à qui on doit respect et honneurs ; et un p'tit coup de langue parce qu'ils vont régulièrement ramasser des statuettes à Toronto où, chaque année, on célèbre le cinéma canadien avec de plus en plus de faste et de moins en moins de conviction. *« It's not really that you make better films in Quebec... it's just that you still believe that you have something to say. »* Robert était-il de plus en plus aigri ? Lui, pensait plutôt qu'il était de plus en plus lucide. Par exemple, il supportait de moins en moins les techniciens[15] qui travaillaient avec une mentalité de mercenaires : le but visé étant de faire le maximum de jours dans une année pour ensuite aller s'effoirer dans le Sud, pendant un mois ou deux, après « le rush » des commerciaux qui se terminait en général au début du mois de mars. « Des mercenaires de luxe », comme se plaisait à le dire la femme de Robert. Ce phénomène était imputable, entre autres raisons, selon Robert, au fait qu'une bonne partie du cinéma qui se tournait depuis plusieurs années à Montréal n'avait rien à voir avec la production qui aurait dû être celle d'un pays de six millions d'habitants. Même par rapport à la France, on faisait du gros cinéma au Québec. Le dernier film sur lequel Robert avait travaillé *If looks could kill* s'était vu attribuer par la WORNER un budget initial de 28 millions U.S.. Mais le gros de la vague était passé. Tout n'allait pas s'écrouler mais on pouvait s'attendre à un ralentissement. Le balancier était reparti dans l'autre sens. Bye ! bye ! les roteuses ! On en verrait de moins en moins des techniciens tirer des bouteilles de Dom Pérignon à tête ou bitch, pendant l'heure du lunch à l'Express. Le party tirait à sa fin et ça tombait bien puisque, de toute façon, les fêtards commençaient à s'épuiser et à vieillir. Ceux qui avaient vingt ans en soixante-sept (*Valérie* = début de l'industrie privée du long métrage) en avaient un peu plus de quarante maintenant. On avait fêté pendant vingt ans : Expo 67, Peace & Love, LSD, Révolution sexuelle, les gros films américains, les grosses vedettes, les grosses payes, first class, des grosses bouteilles de champagne dans des poubelles en plastique pleines de glace et des grosses lignes de coke... Robert se souvenait, très vaguement, de la période allant de 1976 (tournage de Orca à Terre-Neuve et divorce à Montréal) à 1984 (naissance de Jeanne-Laurence et mariage avec Christine : dans cet ordre). Pendant ces huit années passées à se saouler ou à dessaouler, il avait tourné à Montréal, à Toronto, aux États-Unis, au Tonga, en Australie, au Proche-Orient, dans les Caraïbes et il ne se souvenait que de très peu de choses. C'était probablement un peu pour cela qu'il se sentait quelquefois le besoin confus d'écrire. Pendant cette période il n'avait à peu près pas pris de photos, sinon une photo polaroïd qu'il avait fait de lui-même, au Tonga, en tenant l'appareil à bout de bras. On l'y voyait sourire de son plus beau sourire : le visage bouffi, les yeux dans la graisse de bines avec des palmiers et le Pacifique en arrière-plan. C'était peut-être le lendemain de la veille où Stewart (après avoir vomi deux fois par la portière ouverte de la camionnette en marche) s'était rendu compte qu'il avait quitté sa chambre sans sa Nagra. La camionnette avait fait demi-tour et le *soundman* était retourné dans sa chambre pour y chercher son enregistreuse et dégobiller un autre bon coup. Robert n'avait jamais donné dans le flamboyant comme son collègue du département du son. Lui, il était plutôt du genre à égarer temporairement des filtres, des boîtes de film, les posemètres du caméraman par exemple ; ou encore... il n'arrivait pas (ou difficilement) à visser et dévisser les différents objets qui se vissent ou se dévissent sur une caméra et ses accessoires. Il transpirait beaucoup et il se sentait souvent étourdi. Vers trois quatre heures de l'après-midi, après avoir bu quelques bières au lunch, ça commençait à aller mieux, juste le temps de récupérer un peu, avant de recommencer à prendre un coup après le travail. Mais Robert, contrairement à bien d'autres, s'était accroché. Un peu après son retour de Terre-Neuve, en 76, Suzanne et lui s'étaient séparés et il avait commencé à se rendre à la piscine du Stade olympique (comme par instinct de survie) et il n'avait jamais cessé (même les lendemains de la veille) sauf pour cause de travail. Le soir, il recommençait à boire et le lendemain il allait nager un autre kilomètre. Une autre chose avait sauvé Robert : c'était qu'il n'avait jamais fait de coke. Il avait pris pas mal de dope au cégep et il avait fait un trip d'acide dont il avait tellement eu peur de ne pas revenir qu'il avait tout arrêté après être redescendu. C'était en 1971 et il n'avait plus jamais retouché à aucune sorte de drogue à part l'alcool, la cigarette et un peu de café. Après la naissance de sa fille il avait graduellement coupé le fort et le tabac si bien qu'il ne fumait plus que trois ou quatre cigarettes par jour (en soirée) et il ne prenait jamais plus de deux bières. Il avait aussi coupé la charcuterie, le sel, la peau de poulet et il mangeait beaucoup moins depuis que son médecin lui avait dit qu'il faisait un peu de haute tension. Robert s'était assagi lentement mais sûrement. Il s'était calmé comme bien d'autres : un peu comme si tout le monde, en même temps, en avait eu assez de faire la fête à l'année. La mort de Johnny Paquette y avait été pour beaucoup. C'était le gars qui sniffait à longueur de journée : avant, après et pendant le travail. Il avait beau faire quinze cents à deux mille piastres par semaine comme électricien (1985), il finissait toujours par devoir de l'argent à tout le monde et plus particulièrement au pusher de service. Or donc, Johnny et quelques autres gars (qui n'avaient rien à lui envier quant à leur habileté à sniffer leur paye avant de l'avoir gagnée) avaient accepté un tournage de quatre mois à Tahiti en sachant très bien qu'ils ne trouveraient pas de coke sur place. Ils avaient voulu se prouver à eux-mêmes qu'ils étaient capables de fonctionner sans poudre et ils avaient tous trouvé ça très dur, Johnny plus particulièrement. Ainsi le jour de son retour à Montréal, il « avait faite une ostie d'grosse ligne mon homme ! » Une grosse comme il n'en avait jamais faite. Une ligne en forme de toile d'araignée sur la table de verre du salon. Une ligne pour rattraper le temps perdu et il en était mort. Voilà qui en avait calmé plus d'un. Un grip[16] s'était mis à faire du ski de fond et il avait commencé à prendre des cours de massage. Il y avait même un électricien qui avait arrêté de boire et qui s'était mis à faire de la méditation. À eux deux, Johnny et le sida avaient grandement contribué à « assainir » les us et coutumes du milieu cinématographique montréalais. Le cinéma en avait fait rêver du monde, mais de plus en plus, il devenait une business. La « Belle époque » était bel et bien terminée, où D.M. s'endormait dans un coin, ivre-morte, après avoir maquillé *The seven-million dollar man* (avec qui elle avait enfin scoré la veille (?) ; c'était un défi qu'elle se fixait avant chaque long métrage : coucher avec la vedette masculine). L'euphorie avait cédé sa place à une industrie qui se voulait de plus en plus sérieuse et, comme toujours, le « milieu » évinçait les « incontrôlables passionnés » : ceux qui avaient tout confondu : Révolution tranquille, Révolution sexuelle, Peace & Love, LSD et cinéma. D.M. vivait maintenant à la campagne et il arrivait quelquefois (quand il n'y avait plus personne de disponible) qu'un directeur de production[17] de « l'ancien temps » lui téléphone pour du travail. Ça faisait une mèche que D.M. n'avait pas vu une bouteille de Dom Pérignon et elle avait fini par comprendre à quoi servaient les circulaires de Métro et de Provigo, surtout les années où elle n'avait pas travaillé assez pour avoir droit au chômage. Les choses avaient bien changé et jamais un stagiaire à la caméra n'aurait osé, aujourd'hui, se présenter sur le plateau, ne serait-ce que très légèrement éméché. Robert, qui se rappelait quand même certaines choses, se souvenait de la première job qu'il avait faite comme assistant, à l'automne 74. Il s'agissait de suivre Robert Charlebois et Charles Aznavour (accompagnés de Mouffe, Louise Latraverse et de quelques autres). Aznavour était venu donner des spectacles à Montréal et il pensait acheter du terrain dans les Cantons de l'Est. Charlebois & Co s'étaient joints à lui dans une limousine pour la balade à la campagne. La journée s'était terminée dans une petite auberge près d'Acton Vale. Robert, qui était bien impressionné par tout ce « grand monde », avait décidé de fêter son début de carrière en arrosant copieusement son repas avec le vin offert par la Chambre de commerce de la région. Il n'avait pas compris qu'on les avait fait manger avant, lui, le caméraman et l'ingénieur du son[18] afin qu'ils puissent filmer ces messieurs et ces dames qui avaient bien voulu accepter qu'on les « capte sur le vif » alors qu'ils mangeaient et discutaient de tout et de rien en éclusant moult bouteilles. Robert avait marqué le coup en faisant sa première job complètement saoul. Et il se souvenait d'en avoir entendu des bien meilleures. Comme celle du tournage dans les Caraïbes où, pendant le vol nolisé, on offrait à tout un chacun des petits brownies au hasch. Aujourd'hui les aspirants à la caméra attendaient bien sagement en ligne pendant des années. Pour Robert le cinéma n'avait jamais été un party : il avait bu, comme pour dire que même saoul, il pouvait être assistant. Que même saoul et sans disposition aucune pour la technique, il pouvait faire ce travail-là. Le fait qu'on l'emploie, lui, comme pointeur, était bien la preuve que le milieu qui l'avait « rejeté », lui, *Le Nouvel Homme*, ne connaissait rien à rien. Et, graduellement, il avait appris à faire son travail, presque malgré lui, avec beaucoup de mauvaise volonté. Et puis il y avait eu Christine et Jeanne-Laurence. Et Robert s'était assagi. Parmi plusieurs autres choses, Robert se disait qu'il raconterait peut-être à son beau-frère une conversation téléphonique qu'il avait eue avec un certain Max van Dogen. Ce matin-là, comme tous les matins, Robert pourchassait Jeanne-Laurence partie se cacher en courant dans la penderie du salon, quand ce dernier avait annoncé que c'était l'heure de se brosser les dents. Finalement Robert avait répondu au téléphone accroché au mur de la cuisine. Il ne comprenait pas pourquoi van Dogen était au bout du fil. Pour lui c'était un dossier clos. Lui et Ernie avaient été remerciés et il n'y avait rien d'autre à dire. Le producteur local avait insisté pour préciser qu'il était tout à fait satisfait du travail d'Ernie et de Robert et qu'à ses yeux, rien ne justifiait leur renvoi ; mais Max, le directeur-photo et Ray Major, le réalisateur, en avaient décidé autrement. La production avait aussi tenu à faire savoir que Robert et Ernie toucheraient leur plein salaire pendant les jours garantis par leur contrat. Robert avait appris de façon quelque peu bizarre qu'il avait été renvoyé... Il était allé se chercher une bière dans la poubelle en plastique que la production avait placée à l'entrée du musée d'anthropologie de l'université McGill, à deux pas du camion que Don stationnait toujours le plus près possible du lieu de tournage. Robert était revenu au truck et il avait demandé à François, le stagiaire, s'il n'avait pas vu Ernie à qui il avait l'intention de bumer une cigarette pour accompagner sa bière. Robert ne fumait jamais durant la journée mais la première gorgée de bière ravivait des habitudes liées à une autre époque où il passait facilement un paquet de cigarettes par jour, tout en buvant une couple d'apéritifs, du vin en masse pendant le souper et des digestifs et du scotch pour finir la soirée en beauté. François, qui considérait que ça faisait partie de sa formation de connaître les allées et venues de tous les membres de l'équipe caméra, avait indiqué à Robert qu'Ernie était en grande discussion avec la directrice de production. Robert n'avait pas besoin qu'on lui fasse un dessin : Ernie était raide comme une barre et Joséphine lui parlait doucement. Robert s'était alors dirigé du côté du camion des accessoiristes[19] pour aller y quérir une cigarette dont il sentait qu'il avait de plus en plus besoin. Robert et Ernie étaient revenus tous les deux au truck en même temps. Ni l'un, ni l'autre n'avait le goût d'y aller par quatre chemins, ni de tourner autour du pot, ou bien de fucker l'chien, ou encore de niaiser avec le puck. Ernie avait dit : « *They're getting a new operator and by the way...* ». Robert avait coupé la parole à son cadreur et il avait complété la phrase: « *I've been fired too* ». Et, après un long silence de quelques secondes, Robert avait dit : « *Ass hole ! Fucken ass hole ! Fucken pretentious little ass hole !* » Robert n'avait jamais été renvoyé auparavant mais il n'avait jamais oublié l'époque où il ne connaissait rien aux caméras et il s'était souvent préparé à cette éventualité. Alors il se disait toujours avant de commencer une job, un peu par superstition, comme pour conjurer le mauvais sort, que c'était peut-être la dernière fois qu'il travaillait comme pointeur. Et là, alors qu'il avait l'impression d'être un technicien à peu près compétent, on le congédiait. Robert méprisait trop son métier pour être blessé. Par contre, Ernie, lui, croyait à son travail de cadreur et il en était fier. Il n'avait jamais brûlé d'étapes et il n'avait pas l'impression d'avoir usurpé son titre. Ernie se sentait profondément humilié. Tellement humilié, que lorsque Max lui avait téléphoné, à lui aussi, il ne lui était même pas venu à l'esprit de lui reprocher d'avoir monopolisé le Kodak. Lorsque Max avait fini de « créer » ses éclairages « subtils », l'œil presque continuellement rivé à l'œilleton[20] de la caméra, il annonçait haut et fort : « *Camera's ready. Let's shoot it* ». Il ne laissait jamais le temps à Ernie (et par voie de conséquence à Robert) de répéter une action complète. La « répète » se faisait sur film. Tous comprenaient que c'était injuste pour Ernie et Robert. Tous, sauf Ernie qui essayait de faire du mieux qu'il pouvait avec les possibilités qu'on lui offrait. Il avait beau lâcher un « *Fuck* » occasionnel, il disait à Robert qu'il fallait savoir s'adapter à la façon de tourner de Ray et Max. Il fallait bien paraître devant Hollywood et cela voulait dire, pour lui, se faire le plus petit possible. Pourtant Ray et Max, eux, en prenaient de la place, beaucoup de place, toute la place. Et plus ils en prenaient, plus Ernie se faisait petit. Robert, lui, n'avait pas du tout la même vision des choses. Il méprisait la suffisance et l'arrogance de la plupart des Américains avec qui il avait travaillé et en outre, il n'aimait pas leur cinéma contemporain ; pas plus que leur télévision, à part la chaîne PBS, de façon très occasionnelle. C'était son opinion et il l'exprimait quand il en sentait le besoin ; comme la fois où il avait expliqué à un directeur-photo new-yorkais « que Montréal ce n'était pas l'Afrique et... » Mais Robert c'était Robert. Quant à Ernie, s'il faisait bien ses devoirs, il pouvait espérer, un jour, être l'égal d'un Américain. Plein de Canadien(ne)s vivent aux États-Unis, sans que les Américains s'en rendent compte. La blonde de Superman n'est-elle pas une vraie Canadienne à 100 % ? Margot Kidder *An inspiration for all Canadians !* Ainsi donc, ayant été assuré la veille qu'il toucherait son plein salaire, Robert avait répondu à Max qu'il avait des choses plus importantes à faire que de lui parler et il lui avait expliqué que, s'il voulait l'attendre, il fallait qu'il aille faire semblant de ne pas trouver sa fille qui était allée se cacher dans la garde-robe du salon. Max pouvait, semblait-il, remercier les gens selon sa fantaisie, c'était cependant le seul droit que Robert avait l'intention de lui accorder. Robert avait volontairement fait attendre Max un peu, le temps de retrouver sa motivation. La veille, il avait presque réussi à croire à son personnage de pointeur qui était injustement renvoyé par un jeune blanc-bec de trente-deux ans. Mais hier c'était hier. Dans un décor propice. La justice qui s'exprime, l'auto qui s'éloigne, un vrai film de Lelouch. Van Dogen avait bien vu venir Robert mais Ray avait continué à parler à Max alors qu'il s'efforçait d'entraîner sa femme dans l'auto qui devait les emmener aux *rushes*[21]. Robert, une bouteille de bière à la main, sans courir, sans s'énerver, comme s'il savait que la justice cosmique était avec lui, s'était dirigé vers le Hollandais qui avait pris place, avec son épouse, sur la banquette arrière et il avait dit à Max : « *I think I don't have to tell you what I think of you. You know I've never met anybody with such an ugly ego in my life* ». Ingrid avait regardé son mari qui n'avait rien répondu à Robert. Il s'était contenté de hocher la tête, affirmativement, comme un enfant pour qui il est insupportable d'avouer par des mots qu'il a fait une grosse bêtise. Robert n'avait pas insisté et il était reparti comme il était venu : sûr d'avoir fait ce qu'il avait à faire. L'auto s'était éloignée. Mais là, c'était le lendemain de la veille et tout ça semblait bien loin, quoique la face de van Dogen commençait à se préciser lentement dans son esprit. Il devait lui parler. Il ne se rappelait pas exactement pourquoi mais il savait que ça lui reviendrait. Même que, sans lui parler, il commençait à se souvenir. Assez rapidement après avoir rencontré van Dogen, Robert avait remarqué que ce dernier respirait, de façon particulièrement intense, ce qui l'agaçait le plus chez la plupart des caméramen. Max ne pensait qu'à une seule chose : sa carrière. Tous ses gestes et toutes les images qu'il tournait étaient entièrement dictés par elle et non par le sujet du film. Puisque Max était là, sans qu'on l'ait sonné, il allait payer pour tous les autres... Ce p'tit con qui se prenait pour un peintre flamand. Robert avait l'intention d'injurier van Dogen tant et aussi longtemps qu'il ne raccrocherait pas ! Robert était totalement réveillé maintenant. Faire sortir le méchant : tout le méchant pour éviter les risques d'infection. En tout, Max avait attendu au maximum une minute, avant que Robert ne lui demande, en français, ce qui lui valait cet appel plutôt matinal. Max avait répondu, en anglais, que la veille, quand Robert était allé lui parler, alors qu'il s'apprêtait à se rendre aux rushes, il n'était pas au courant qu'ils avaient été renvoyés, lui et Ernie. Robert lui avait répondu : « *Bullshit ! You didn't know !* D'la marde ! D'la grosse marde ! M'as-tu téléphoné pour me dire qu'tu savais pas que t'avais décidé de nous faire renvoyer ? Ouvre ben tes oreilles mon ti-Max ! J'vais te dire ça en anglais pour que tu comprennes bien, même si tu te débrouilles pas trop mal en français : *you're an ass hole ! A fucken ass hole !*

MAX : *I think you're upset but I would just like to say that ...What I mean is that I didn't know that Josephine had gone ahead and fired you that night. I mean right after the end of the day.* ROBERT : Tiens j'pense que j'vais te parler en français. T'es un p'tit gars intelligent, ça fait que tu devrais comprendre ce que j'vais te dire... Ostie d'câlisse : *These are French Canadian swear words that are not essential to the comprehension of what I have to say. But they add a little* « je ne sais quoi »... Je disais donc... Tu me prends-tu pour une valise ou quoi ? J'ai une poignée dans l'dos ? T'as l'intention de me bourrer d'insanités ? Qu'est-ce que ça veut dire ça que tu savais pas que Joséphine nous avait annoncé que nous étions congédiés ce soir-là, tout de suite après la journée de travail ? Ce que ça veut dire... c'est que tu croyais que t'allais nous faire foutre à la porte... et puis qu'en plus on t'épargnerait le déplaisir d'avoir à rencontrer tes victimes. Et pis tu s'rais rentré au travail après le week-end avec un nouveau cadreur et un nouveau pointeur comme si de rien n'était. T'as compris jusque-là ? MAX : *You know I'm not entirely responsible for you two being fired. You know Ray is very hard to work with. You're not the first guys*... ROBERT : Ray est à moitié sénile criss ! Ray... y dit n'importe quoi... Ray est atteint de la maladie d'Alzheimer, tabarnak ! Tu crois qu'on vous voit pas, toi et le scénariste, quand vous vous disputez la réalisation avec Ray dans le milieu qui regarde tout ça avec le sourire de l'innocence ? *Lights are on... but nobody's home*... T'sais veux dire... MAX : *I think you're injust to Ray. He's not young anymore but he's still a good director.* ROBERT : *Good director* mon cul ! Qu'est-ce qu'y a déjà fait de si bon que ça ? Une histoire de gars qui kidnappent un train et pis qui demandent une rançon ? Laisse-moi te dire que ça volait pas bien haut. Alors ton opinion sur Ray Major tu peux te la mettre où tu voudras... À part que t'es à peu près capable de donner dans le genre peintre hollandais du XVIIe siècle... T'es un moins que rien, un pauvre type... Tes éclairages à la « *would-be-Rembrandt* »... qu'est-ce que ça peut ben avoir à faire avec une histoire de bombe atomique pour la télévision ? Ça paraîtra jamais à TV tous tes p'tits effets de lumière pis tu l'sais bien à part ça. MAX : Je crois que c'est pour ça que ça n'a pas marché entre toi et moi. Nous n'avons pas les mêmes idées sur la photo. *If a D.o.P.*[22] *waits to get good films to do good work he wouldn't do too much nice lighting.* ROBERT : C'est un *movie of the week* que tu fais ! Pas un long métrage. MAX : Ce n'est pas un *movie of the week.* C'est un *two part mini-series.* ROBERT : *Big fucken difference.* C'est d'la télévision pareil. Pour des affaires qui vont passer sa télévision de ma mémère ça prend des directeurs-photo comme Verner Reezi, le gars à Montréal le plus en demande pour faire des films pour la télévision américaine. Reezi, le gars qui lit jamais les scénarios... MAX : *Come on...* ROBERT : Hey toé j't'ai dit que t'étais là pour écouter pas pour me contrarier. T'as voulu m'appeler... Ben ferme ta grande gueule ! Non, toé où ça coince c'est qu'en réalité tu fais un autre film ; parce que toé, Ti-Max, t'as réussi à obtenir dans ton contrat le droit de voir une copie-film. Ça fait que c'qui se passe, c'est que t'es obligé de faire des images qui vont passer correctement à la TV mais qui doivent être en accord avec le style que tu cherches à te donner, aux frais de la production, qui pense, elle, qu'elle tourne un truc pour la télé. Quand tu vas aller voir des producteurs de cinéma dans pas grand temps, c'est ça que tu vas leur montrer... ces images-là. Mais en attendant ça t'arrange bien d'avoir un réalisateur sénile et des producteurs à 7 000 km. Mais ça commence à chialer là-bas. Ça te prend du temps en tabarnak pour éclairer d'la TV, qui commencent à trouver là-bas. Y reçoivent les rapports de production et puis y s'demandent comment ça se fait que les journées sont si longues. Évidemment tu peux pas admettre que tu te fabriques une bobine de présentation à leurs frais. Alors qu'est-ce que tu fais ? Classique... Le cadreur, que t'as pas choisi toi-même, devient le bouc émissaire. Et le pointeur aussi. Parce que de toute façon c'est toujours comme ça et en plus sa tête te revient de moins en moins parce qu'il arrive pas à garder ses petites remarques pour lui-même. T'es un p'tit vite mon p'tit Max à marde. T'es tellement vite que c'est pas pour me dire que c'est pas vraiment de ta faute si j'ai été renvoyé que tu m'appelles. Non... Y a une autre raison... Et puis c'est pour ça que tu te laisses insulter comme du poisson pourri. T'sais c'est pas normal de laisser quelqu'un te traiter de tous les noms. Mais ça, côté normal, c'est sûr que tu dois être dans une catégorie à part. Mais pour le vrai, j'pense que j'sais pourquoi tu raccroches pas... Toé-là, tu veux savoir ce que j'ai dit aux autres de l'équipe. Est-ce qu'en me faisant congédier tu vas t'aliéner les autres autochtones ? Tu veux un peu savoir à quoi tu dois t'attendre. Pis là... ensuite... tu vas téléphoner à Jean-Jacques pour savoir ce que pensent les électriciens de tout ça. Tu m'appelles en premier pour savoir si j'ai réussi à monter les autres contre toé. Ben non, fais toé-z-en pas. Les autres vont pas te lâcher parce que dans le fond ça arrange bien tout le monde de faire du temps triple à planche grâce à toé mon ti-Max. Non, fais toé-z-en pas, Jean-Jacques tu l'impressionnes juste c'qui faut. Et puis Johnny, le chef-machino, trouve que t'es un crétin mais y a déjà averti la production que plus tu vas jouer à ton p'tit jeu, plus y va demander des gars pour jouer lui aussi. Mais là mon ti-Max y va falloir que j'te laisse... Ça fait qu'en résumé ce que j'ai à te dire c'est que je n'ai pas du tout apprécié t'avoir rencontré et d'avoir travaillé avec toé.... T'sais ça fait combien d'histoires de bombe atomique qu'y font pour la TV les Américains ? J'sais pas trop. Mais ça en fait un maudit paqúet. Ça fait que j'vois pas trop pourquoi on s'énerverait le poil des jambes quand on travaille sur un truc dans le genre. Moé j'me dis qu'il s'agit de faire son travail honnêtement, en perdant pas de temps. Ça fait que j'suis bien content de savoir que j'te verrai pu la face. MAX : *Listen...* ROBERT : *No, you listen...* Je n'ai plus de temps à perdre avec un individu de ton espèce. Alors à partir de maintenant, t'as exactement trente secondes pour dire ce que t'as à dire si t'as quelque chose à dire. MAX: *Well thank you for letting me talk...* ROBERT : Enwoye accouche y t'reste vingt secondes... MAX : *Thank you for your frankness and I understand your frustration. You tried your best and it just didn't work out. The chemistry just wasn't there...* ROBERT : Mais il est complètement con ce mec ! La chimie ! J'vais t'en faire de la chimie moi ! J'sais pas si c'est le smog de Los Angeles ou bedon d'autres choses mais vous êtes complètement détraqués ! Freidkin, le gars qui a fait *The Exorcist* et pis *Cruising...* Eh ben Freidkin y est venu tourner à Montréal et pis y a fait mettre la maquilleuse à la porte avant même qu'elle commence le film. Y disait qu'y s'entendait pas avec elle au niveau cosmique. Pas cosmétique là. Cosmique, comme dans le cosmos. Ça fait que la maquilleuse, qui avait juste seize, dix-sept ans d'expérience est retournée chez elle payée à ne rien faire pendant la moitié des semaines garanties par son contrat. Finalement j'me demande si on peut vous prêter des intentions. De toute façon ça donne rien de s'poser des questions. J'pense que j'ai bien compris pourquoi tu nous as fait sauter Ernie pis moi. Mais si ça se trouve, c'est pas ça du tout. C'est pas compliqué : presque à chaque fois qu'j'ai travaillé avec des Américains ça toujours été des histoires de fous. Comme les gars de New York à qui j'ai été obligé d'expliquer que Montréal c'est pas en Afrique. Tiens c'est vrai, j'avais oublié de te la raconter celle-là... ». Robert avait mis sur papier la conversation téléphonique qu'il avait eue avec van Dogen le lendemain de son renvoi. Il avait essayé de restituer l'essentiel de l'entretien qui avait duré un peu plus d'une heure et dix minutes. Il se souvenait de la durée parce qu'il avait regardé sa montre immédiatement après avoir reconnu la voix du Hollandais. Par la suite, il avait regardé l'heure à trois ou quatre reprises. Jeanne-Laurence pouvait se rendre à la garderie à n'importe quelle heure mais, quelquefois, les enfants allaient au parc Lafontaine, ou ailleurs, et Robert n'avait vraiment pas le goût d'aller à la recherche du petit groupe ce matin-là. Ainsi, Robert avait fini par raccrocher et il avait enfourché le vélo familial où il avait, au préalable, installé Jeanne-Laurence sur son siège. Ils étaient arrivés à la garderie juste à temps pour que sa fille se joigne au groupe attendu à l'Immaculée pour l'activité ordinateur. Il était ensuite passé au syndicat pour demander conseil relativement à toute cette affaire. Au bout de quelques jours, Robert avait accepté de renoncer à deux des cinq semaines auxquelles il avait droit, selon son contrat. En échange, il se libérait de l'obligation de rester à la disposition de la production. Robert n'avait pas eu à regretter sa décision. Pendant qu'il recevait ses trois semaines de salaire pour *A bomb day*, il n'avait pour ainsi dire pas arrêté de travailler car on l'avait congédié juste avant le début des diverses campagnes de publicité des nouveaux modèles d'autos : une période de l'année où il y a généralement beaucoup de travail et des heures supplémentaires en masse. Robert s'était donc retrouvé à faire des commerciaux en studio chez Panavision, ce qui n'aurait pas pu mieux tomber, car le jeudi midi il n'avait qu'à monter d'un étage, pour aller chercher sa paie au bureau de production de *A bomb day*, qui était situé dans le même bâtiment. Le timing avait été si parfait... que Robert avait songé à téléphoner à van Dogen pour le remercier de l'avoir fait renvoyer.

Robert n'avait jamais fait autant d'argent en si peu de temps, et il l'avait rarement autant apprécié, tellement le début de l'année avait été mauvais. En effet, pour l'année 87-88, le gouvernement fédéral avait réduit les abris fiscaux[23] de 100 % sur 2 ans à 30 % sur un an et d'après Robert, cette décision gouvernementale n'était pas étrangère aux négociations du libre-échange, pendant lesquelles les Américains n'avaient pas arrêté de se plaindre que l'industrie canadienne était sur-protégée par l'État. Évidemment les instances fédérales avaient fini par céder quelque peu au lobbying des voisins du Sud et elles avaient abaissé les *tax shelters* dans plusieurs domaines, dont le cinéma. Selon Robert, ce choix n'avait rien de fortuit car, puisqu'il fallait de toute façon accepter le jeu du donnant-donnant, il valait mieux donner quelque chose qui fasse plaisir aux Américains, sans trop soulever la colère des industriels canadiens solidement établis dans des secteurs névralgiques. En réduisant les abris fiscaux dans le domaine du cinéma, on ménageait, en quelque sorte, la chèvre et le chou. D'ailleurs, que le cinéma canadien (qui vise avant tout à se vendre aux É.-U.) se porte plus ou moins bien n'a que peu d'influence sur la vie de tous les jours du citoyen moyen. En outre, l'industrie cinématographique canadienne qui est toute récente est plus facile à manipuler que l'industrie de l'automobile, par exemple. Elle emploie une main-d'œuvre relativement peu importante (6 000 pigistes, au grand maximum, qui sont concentrés dans trois villes : Vancouver, Toronto, et Montréal) sans compter qu'elle est peu structurée et que plusieurs compagnies ouvrent et ferment au gré des projets qui se concrétisent ou non. Par contre l'industrie du cinéma est perçue tout autrement aux États-Unis, où elle est implantée depuis le début du siècle. Sans même parler de la dimension économique du cinéma, on peut dire que son importance est incalculable pour les

Américains, pour qui il est le symbole même du pays. Aux États-Unis on accepte d'avoir été dépassé par les Japonais dans le domaine de la technologie ; et on accepte de gagner moins de médailles que les Russes aux Olympiques, mais on est beaucoup plus chatouilleux quand il est question d'Hollywood. Brian ne pouvait pas faire un plus beau cadeau à Ronald (*Bed time for Bonzo*) Reagan ; surtout qu'on commençait, à l'époque, à appeler Toronto *Hollywood of the North*, une situation intolérable du point de vue américain. Robert se disait qu'il parlerait aussi de choses comme ça à son beau-frère. De ces petits trucs dont personne n'entend jamais parler et qui sont sans importance réelle. Quoi de moins important que les *Movies of the week*? Plein de choses. Mais il y a des choses beaucoup plus importantes, quoique tout dépend à qui on a affaire... Qui sait jusqu'où la colère des Américains aurait pu aller si Toronto avait continué à faire plus de films qu'Hollywood ? Ils auraient été capables des pires atrocités selon Robert, qui croyait qu'ils auraient peut-être pu aller jusqu'à faire des pressions sur le siège social de McDonald's, aux États-Unis, pour que la fameuse sauce crémeuse du Big Mac soit remplacée, au Canada, par du ketchup et de la mayonnaise. Ou pire encore : par de la relish et de la moutarde ! Les Américains, lorsqu'ils sont en colère, peuvent être complètement imprévisibles, se disait Robert. Et puisqu'il aborderait possiblement l'imprévisible, peut-être qu'il raconterait aussi un petit incident qui s'était passé un samedi matin, alors que la famille traînait au lit et que sa fille devenait plutôt énervante à force d'insister : « Ok moi je suis le bébé chat et puis toi t'es le papa chat ». Robert, toujours aussi subtil, n'avait pas hésité à prendre les grands moyens pour calmer Jeanne-Laurence. Il avait, sans crier gare, fait son imitation du gros méchant chien à deux pouces du nez de sa fille : ce qui l'avait évidemment fait hurler de peur. Et, évidemment, Christine avait traité son mari de tous les noms qu'il était convenable d'utiliser devant une enfant de quatre ans (con, pauvre mec, triple imbécile, etc. etc.). Robert avait attendu que tout se calme... et il avait enchaîné avec son imitation du papa gorille, ce qui lui avait valu à peu près les mêmes réactions que son numéro précédent. Alors, à travers les pleurs et les menaces de divorce, il avait annoncé que, finalement, lui, il serait le papa roche et que Jeanne-Laurence pouvait être le bébé roche. Cette dernière, les yeux encore pleins de larmes, s'était mise à rire de façon un peu inquiétante, en s'étouffant à moitié. Robert ne lui avait pas donné le temps de respirer et il avait dit qu'à bien y penser, il préférait être un papa bout de bois et que Jeanne-Laurence pouvait, si elle le voulait, faire le bébé bout de bois. Il avait obtenu encore plus de succès avec cette suggestion et sa femme, qui avait eu beau combattre héroïquement le fou rire qui la gagnait, avait dû admettre la défaite. Riant à contrecœur, elle avait traité son mari de fou irrécupérable et de grand niaiseux. C'était de ceci et de cela dont Robert voulait entretenir Jean. Il ne savait pas tellement comment il allait présenter tout ça. Allait-il aborder des thèmes? POURQUOI LES DIRECTEURS-PHOTO SONT-ILS JALOUX DES RÉALISATEURS? — ou — LA VIE QUOTIDIENNE SUR LES PLATEAUX DE CINÉMA AU QUÉBEC — ou — LA VIE FAMILIALE D'UN ASSISTANT CAMÉRAMAN PIGISTE — ou — COMMENT EXPLIQUER LA QUASI INEXISTENCE DU SIDA CHEZ LES COIFFEURS ET LES MAQUILLEURS DANS L'INDUSTRIE CINÉMATOGRAPHIQUE QUÉBÉCOISE? — ou — Y A T-IL QUELQUE CHOSE DE PLUS QUÉTAINE QUE LA MUSIQUE DE FILM? — ou bien — POURQUOI FAIRE DU CINÉMA REND-IL CON... SURTOUT LORSQU'ON TOURNE À L'ÉTRANGER? — ou encore —

L'ALCOOLISME CHEZ LES GENS DE CINÉMA... EST-CE UNE MALADIE DU TRAVAIL ? C'était probablement la façon la plus simple de faire, mais d'autre part, ça ferait peut-être un peu trop conférence d'information sur le milieu cinématographique canadien. Non... ce qu'il y avait de mieux c'était de faire ça à la bonne franquette. De toute façon, l'essentiel c'était de le faire car Christine, qui décidément avait la menace de divorce un peu facile depuis quelque temps, avait donné six mois à Robert pour qu'il l'écrive son gros livre qu'il passait son temps à dire qu'il allait écrire. Et, si après ce délai il n'avait pas fini, elle le quitterait s'il mentionnait, ne serait-ce qu'une seule fois, le gros livre qu'il allait écrire. Elle lui avait dit : « Tu te la fermes et tu écris. Fais comme mon frère Jean. Il écrit tous les jours pendant trois heures et il n'a jamais publié une page. Il n'a même jamais fait lire une page à qui que ce soit. Même pas à sa femme. » Robert était au pied du mur et il le savait. Christine était sérieuse et elle mettrait sûrement sa menace à exécution. Ce n'était pas tellement qu'elle en avait marre d'entendre Robert parler de son livre. Elle en avait un peu soupé bien sûr, mais elle savait que Robert n'arriverait à écrire que sous la menace : il fallait que Robert la prenne au sérieux. Elle lui avait expliqué qu'elle ne voulait pas particulièrement divorcer mais qu'elle le ferait parce qu'elle trouvait que Robert devenait de plus en plus aigri et con. Il ne faisait jamais rien à part travailler (donc râler), nager, faire des courses en vélo, faire à manger et faire la vaisselle. Robert avait toujours refusé d'acheter un lave-vaisselle, sous prétexte que ça n'économisait pas réllement de temps cette invention-là. En réalité, il aimait bien faire la vaisselle, en silence, en prenant bien son temps, en faisant couler de l'eau chaude, très chaude (au point qu'elle soit presque insupportable) et il s'arrêtait quand il avait réussi à vider le chauffe-eau.

En outre, Robert ne s'intéressait plus aux autres, sauf pour sauver les apparences. Il était de plus en plus concerné par sa personne. Il ne sortait plus jamais avec Christine et il ne s'occupait de Jeanne-Laurence que très rarement. Alors, il n'avait qu'à l'écrire son gros livre. Ou bien qu'il écrive à quelqu'un, à n'importe qui. Christine trouvait que Robert ressemblait de plus en plus à un adolescent attardé. Était-ce un hasard ? Elle disait que Robert avait de plus en plus de boutons : des beaux gros comme ceux qu'elle avait déjà remarqués sur des photos de son mari à l'âge de quinze ou seize ans. Elle croyait que c'était parce que Robert avait l'égocentrisme coupable. Voilà qui résumait bien sa pensée. Il n'arrivait pas à faire des choses pour lui-même, de façon avouée. Il fallait toujours qu'il se cache derrière un prétexte d'utilité ou de nécessité. Été comme hiver, il passait des heures à faire des courses en vélo (économie, écologie) pour profiter des meilleurs spéciaux de la semaine chez Provigo et chez Métro. Il allait aussi très régulièrement à la Vieille Europe pour y acheter du café, du fromage (le moins cher en ville mais qu'il fallait savoir choisir) et des confitures polonaises, qui pouvaient aller pour les jours de la semaine, quand on n'était pas trop réveillé. Il y avait aussi le spécial de la semaine chez Waldman's, au marché Jean-Talon, à La Maison du Rôti et à la Société des Vins Maison. Parce que, évidemment, Robert faisait sa propre bière. Toutes les activités de Robert étaient éminemment justifiables. Et surtout : il n'avait presque jamais tort ! Et lorsqu'il se trompait, il savait admettre ses erreurs, lui. Il passait beaucoup de temps à dire à Christine comment il fallait s'occuper de Jeanne-Laurence, ce qu'elle devait dire, ne pas dire. Et à qui le dire. Robert devenait toujours plus insupportable pour les autres et surtout pour lui-même. Il avait beau faire des efforts pour être agréable, il était comme le fumeur qui se dit qu'il va dix fois par jour arrêter, et qui fume de plus en plus. Il passait son temps à se surveiller pour ne pas s'emporter. Et plus il se retenait, plus ça sortait violemment. Il lui arrivait de cracher au visage de Christine ou de lui donner des coups de poing sur l'épaule lorsqu'il était particulièrement contrarié. Il lui arrivait aussi de taper sur les portes des armoires de la cuisine et dans les murs au point d'y faire des trous et de se faire assez sérieusement mal. Tout récemment, alors qu'il attendait dans un embouteillage et qu'il sentait que jamais il ne serait capable d'arrêter de s'infliger des contractions à la poitrine et au ventre (c'était devenu un tic chez lui), Robert avait donné un coup de poing dans le pare-brise de l'Acadian 81 que son père lui avait vendue pour mille dollars, quelques années plus tôt. À l'endroit de l'impact, il s'était formé un beau motif en forme de toile d'araignée, qui, le soir venu, s'illuminait de mille reflets sous les lumières de la ville. Ce tic avait pour effet de lui donner une belle boule d'angoisse dans la gorge et l'impression qu'on serrait sa cage thoracique dans un étau, au point où un samedi soir, il avait cru qu'il avait réussi à se faire faire une crise cardiaque, que le médecin d'Urgence Santé (accompagné de trois aides) avait diagnostiquée, poliment, comme un « cas possible de genre de truc » qui n'était d'aucune façon grave. Christine ne savait pas si l'écriture était la solution mais elle se disait que c'était peut-être une manière d'occuper Robert à autre chose : une façon de changer le mal de place. Christine ne voulait pas embarquer dans le jeu de Robert où il se prenait à la fois en pitié et s'en voulait. Son « grand niaiseux » se prendrait en main, le temps de se poser le cul sur une chaise et il écrirait à Jean. Il intitulerait ça *Lettre-d'un-assistant-caméraman-montréalais-à-son-beau-frère-tourangeau-qui-est-médecin-du-travail-dans-une-centrale-*

nucléaire-à-Chinon. Et il irait voir un éditeur et il essayerait de se faire publier. Et, si ça ne marçhait pas, tant pis. De toute façon, il ne fallait jamais écrire avec l'intention d'être publié. Robert n'avait qu'à demander à Jean. Il fallait que ça change et Robert allait changer. Aux grands maux les grands moyens : Robert se plaisait à dire que le chantage c'était la seule chose qui marchait avec Jeanne-Laurence quand tout le reste ne donnait aucun résultat. Eh bien... Christine commençait à se dire que ce n'était pas si bête que ça. Robert allait écrire une belle chanson. Il allait enfin poser un geste. Il composerait une chanson de geste. C'était comme si c'était déjà chose faite. Il aimait ça Robert (que l'on avait familièrement surnommé «Woh-Woh-là-Capitaine-Bonhomme-Gauthier») raconter ses Aventures dans les Iles et ses Mésaventures dans le Désert... Troie, Pergame, Éphèse, Halicarnasse, Ajlun, Jerash, Kerak, Pétra... Pétra... située sur la montagne de Shera dont Moïse parle sans doute lorsqu'il dit : « J'ai fait trois fois le tour de la montagne ». Pétra... en plein désert, à quelques kilomètres de Montréal, la montagne royale et la première forteresse bâtie outre-Jourdain par Baudouin 1er en 1115. Pétra... la ville taillée dans le roc rose et qui fut la capitale de l'Arabie ancienne. Pétra... qui fut redécouverte en 1812. Pétra... et le Deir, un temple du troisième siècle en excellent état de conservation, qui n'a pas changé depuis que David Robert en fit une esquisse en 1837. Pétra... qui a fasciné Roch Carrier et qui prend tant d'importance dans son livre sur la Jordanie. Pétra... où Agatha Christie campe l'action de l'un des ses romans. Pétra... la ville de l'Antiquité qui laisse un souvenir inoubliable à tous ceux qui la visitent. Et le voyage de Jérusalem à Tel Aviv au cours duquel Robert avait appris, par un chauffeur de camion israélien, un mois avant que ça arrive, que Sadate allait être tué par des gens de son propre pays. Et le Tonga (les îles des Amis) avec ses Polynésiennes aux grosse chevilles, qui vous donnent des coups de poing dans les testicules quand vous ne vous y attendez pas. Et le retour d'Australie en première classe, en standby, tout seul, sans même assez d'argent pour se payer un porteur, avec les quinze caisses du caméraman qui était resté pour rendre visite à ses parents dans le Queensland. Et le tournage en Jamaïque avec le voyage de retour, de Port Antonio à Kingston, en autobus, la nuit, sur la route tortueuse des Blue Mountains, avec un chauffeur presque aussi saoul que l'assistant réalisateur et sûrement plus que le reste des autres passagers, ce qui n'était pas peu dire. Et la fois où Alfred, le *soundman* londonien (né à Trinidad) que les Arabes et les Israéliens appelaient Bob Marley (à cause de la tuque qu'il portait, même en plein désert), avait décidé de prendre une photo du coucher du soleil en territoire syrien, à une dizaine de kilomètres de Ramtha (une petite ville jordanienne sur la frontière entre la Syrie et la Jordanie), pendant que les fumeurs de l'équipe s'approvisionnaient en Marlboro que de jeunes enfants vendaient sur le bord de la route. Dès l'arrivée du petit autobus à la frontière, un militaire était venu dire à Alfred qu'il savait qu'il avait pris des photos en territoire syrien. Il avait alors demandé à ce dernier de bien vouloir le suivre au bureau de son supérieur, avec son appareil photo ; et il était reparti, sans se soucier de savoir si Alfred le suivait ou non. Alfred s'était empressé de rembobiner le film où se trouvait le coucher de soleil et il avait mis une pellicule vierge dans son appareil. Il avait ouvert la chambre noire de son Nikon devant les militaires syriens et il n'avait plus jamais entendu parler de cette affaire. Et la fois où Robert, chargé de la caméra, d'un gros sac à dos et du trépied, fermait la marche sur le pont Karaköy, à Istanbul. Il ne s'était même pas donné la peine de se retourner pour voir qui lui disait inlassablement, dans un anglais à peine compréhensible : « *Mister, my friend, me have something very, very good* ». Finalement, le chauffeur de production[24] était allé dire au « commerçant itinérant » de déguerpir. Quelques minutes plus tard, lorsque le groupe s'était arrêté pour manger, le chauffeur avait disparu pendant une bonne demi-heure, accompagné de Dirty Harry. On avait ainsi surnommé le policier en civil qui suivait les Canadiens dans tous leurs déplacements à cause du chapeau de cow-boy que le producteur torontois lui avait donné et aussi parce qu'il s'arrêtait un peu partout pour poser fièrement avec son 38 qu'il sortait toujours avec une certaine maladresse de sa « cachette » (c'est-à-dire enfoui entre son pantalon et son dos) pour que la scripte[25] le prenne en photo avec le polaroïd qu'elle traînait toujours avec elle. De retour au restaurant, Harry avait annoncé à Robert, avec son plus beau sourire, que le type qui l'avait importuné ne recommencerait plus puisque ce dernier, après avoir reçu une bonne correction administrée par le chauffeur et lui-même pour les mensonges qu'il allait dire, avait été chargé de possession de haschich et qu'il serait tenu bien au frais pendant une dizaine d'années. Harry pensait qu'Istanbul avait besoin d'un bon nettoyage et il ne semblait pas être le seul à penser ainsi puisque à cette époque-là, la ville était sous la loi du couvre-feu, depuis que les militaires avaient pris le pouvoir, une dizaine de mois auparavant, comme pour commémorer la naissance d'Atatürk, cent ans plus tôt, en 1881. Et si Robert manquait de matériel, Christine pourrait lui rafraîchir la mémoire... car elle les avait toutes entendues des dizaines de fois les histoires de son Robert-ta-Gueule-Woh-Woh-etc.-de-mari. Par exemple, il pourrait parler de l'omniprésence des militaires à Istanbul, jusque dans le lobby du Sheraton où avaient lieu (entre les martinis et les olives) les réunions de production dont de gros et grands messieurs (costard-cravate-moustache) faisaient semblant de se désintéresser (tout en ne cherchant même pas à cacher les 38 qu'ils portaient tous à la manière de Dirty Harry). Il pourrait aussi parler d'Ali, le directeur de production turque, qui avait confié à Robert qu'il était de gauche et que c'était pour ça qu'il était impossible de le rejoindre le soir, puisqu'il ne couchait jamais au même endroit car les militaires le recherchaient. Robert pourrait aussi se demander pourquoi Harry ne posait pas de questions à Ali. Et Robert pourrait raconter la fois où il était descendu, le matin comme d'habitude, par l'ascenseur de service, avec l'équipement caméra et qu'il s'était retrouvé parmi des milliers de militaires armés jusqu'aux dents, qui entouraient le Sheraton pour protéger les généraux, venus à Istanbul assister à la réunion des pays de l'OTAN. Et Robert pourrait parler de Morin-Flats et de son enfance où les militaires n'existaient qu'à travers le défilé des gars de la Légion, le jour du Souvenir et par l'équipe de « *fastball* » des aviateurs du radar du lac Sainte-Denise que son père sponsorisait (comme disent les Français) en sa qualité de propriétaire de l'hôtel Parliament. C'était la place qui swinguait le plus le samedi soir avec son trio western *The four horseshoes* qui venait directement de Montréal et que les « Frogs » appelaient *Les quatre fers en l'air*. Il pourrait parler de Morin-Flats et de ses parents qui avaient décidé de prendre des cours de conduite à quarante ans « parce que c'était quand même pratique une auto en campagne ». Du « géant » Boris, le cordonnier polonais, arrivé au village, un beau matin, avec sa famille sous le bras et qui était reparti de la même manière. Boris, qui après avoir bu sa bouteille de baboche, venait à l'hôtel tous les samedis soirs, pour le concours de limbo. Ti-Rouge, le chef de police, le raccompagnait en général chez lui, après que ce dernier se soit fait amocher par sept huit Anglais qui lui sautaient dessus, tous les samedis soirs, lorsqu'il allait pisser. Robert pourrait aussi parler de la taverne Romelli, dans l'est de Montréal, sur la rue Hochelaga, où il y avait, selon les dires de son ancien beau-père (qui avait été gérant de la buvette avant de mourir d'une crise cardiaque après avoir arrêté de boire), un gars qui avait le cancer de la gorge : ce qui l'obligeait à boire sa Molson accroché à l'envers à un poteau sur roulettes comme une bouteille de sérum en enfilant le petit tuyau de plastique dans le trou qu'il avait à la gorge. Le gars restait assis avec ses chums et il laissait la bière s'introduire en lui, goutte à goutte. En « bypassant » ainsi la langue, il ne goûtait évidemment pas le bon goût de sa Molson. Il attendait donc, patiemment, de roter et il disait alors, haut et fort, pour la plus grande satisfaction de tous qui ne se lassaient jamais de réentendre cette bonne phrase bien de chez nous : « Stie qu'est bonne ! ». Le cancéreux de la taverne Romelli obtenait un succès encore plus éclatant lorsqu'il réussissait à péter bruyamment, après avoir prononcé sa phrase célèbre. Juste avant de péter, il allumait une Export Plain (si par hasard il n'en avait pas une déjà allumée) et il aspirait la fumée par la bouche tout en en laissant s'échapper un peu par le trou de sa gorge, pendant que ses joyeux acolytes l'accompagnaient en imitant le bruit de la locomotive...Tchou...Tchou... Et aussi, Robert pourrait raconter son retour à Montréal qu'il avait quittée à huit mois, quand son grand-père Hector avait installé son fils Gaston à Morin-Flats, en guise de remerciement pour les bons et loyaux services que ce dernier lui avait rendus dans les divers hôtels (habituellement nommés Windsor ou Central) achetés et revendus après les avoir renippés. En effet, Hector n'avait jamais gardé un hôtel plus de onze mois et Gaston pour diverses raisons s'était ramassé avec la job de seconder son père à Drummondville,

Saint-Hyacinthe, Acton Vale, Napierville, Châteauguay, Valley-Heights (où les parents de Robert s'étaient rencontrés), Lachute, Saint-Rémi, Sainte-Agathe, Montebello, Saint-Jérôme et Montréal. C'est là qu' Hector avait acheté et revendu moult cabarets et clubs comme le défunt Carillon, sur la Main, où Oscar, le bouncer (qui avait peur de sa femme) en rajoutait quelquefois un peu trop, surtout avec les marins qui ne parlaient pas français ni même anglais et qu'on retrouvait dans des ruelles avoisinantes et dont on disposait dans la fosse commune à des milliers de milles de leur lieu de naissance. Hector avait aussi tenu le *Rainbow Bar* (qui n'existe plus, lui non plus) sur la rue Notre-Dame, dans l'est, où Red chantait « *Somewhere... Sometime... in Tomatoland... in Tomatotime... I'll catch up to you* »... Ou encore le fameux Café de l'Est (le couronnement de la carrière d'Hector) qui était de l'autre côté de la rue Notre-Dame, plus près de Pie IX. Montréal où Robert n'allait qu'une fois par année, avec son père et pis sa mère, au jour de l'An, chez les grands-parents, où il se sentait perdu comme un chien dans un jeu de quilles avec ses cousins, ses cousines, ses oncles, ses tantes, ses grands-oncles et ses grands-tantes, lui qui était enfant unique et sans parenté à Morin-Flats. Montréal, qu'il découvrait à quatorze ans, en pleine puberté, avec des pizzas qu'on fait venir à la maison en téléphonant et en pesant sur un piton pour laisser entrer le livreur. Montréal, qui se préparait pour Expo 67. Montréal, avec sa section classique de la C.É.C.M. (Sainte-Louise-de-Mariclaque), avec Martial, Claude, Gaétan et Mario (qui avait un père à moitié iroquois et une mère qui était une princesse abénaqui) chez qui on allait fumer du pot tous les soirs de la semaine, en écoutant *Sargent Pepper*. Montréal... en 1968, à Terre des Hommes... au pavillon de la Jeunesse. Terre des Hommes, avec sa Place des Nations et les batailles entre les Mods (qui gagnaient à chaque fois) et les membres de l'ACP (Association des Crottés Pouilleux). Terre des Hommes... et le beffroi musical où l'on passait des après-midi à écouter de la musique pétée ben raide, après avoir fumé un bon p'tit joint. Montréal... avec des parents divorcés et une mère asthmatique de 339 lbs qui se fait tellement prescrire de valiums 2, 5, 10, qu'elle n'arrive pas à tous les consommer, malgré des efforts dignes de mention. Montréal... et le cégep Maisonneuve (édition 69), où l'on avait fait promettre par écrit, à tous les étudiants, qu'ils seraient de bons petits élèves qui ne feraient pas comme ceux de l'année précédente qui avaient eu la mauvaise idée, comme à peu près tous les autres étudiants du monde occidental, d'occuper les locaux de leur institution. Montréal... avec son cégep Maisonneuve et Lucien Francœur, chez qui c'était très, très surréaliste d'aller dropper de l'acide en écoutant les Doors et Capitaine Bonhomme. Montréal... avec le gros Martial et son frère qui aimait prendre des bains de trois quatre heures dans le Kool-aid aux raisins en écoutant les Rolling Stones, au grand désespoir de sa mère, qui se demandait ce qui arrivait à son garçon qui avait déjà été condamné pour viol et qui serait condamné à nouveau à dix ans, cette fois-là, parce que lui et son acolyte avaient tiré sur le chauffeur de la souffleuse qui bloquait leur char quand ils étaient sortis d'un Steinberg avec un sac qui contenait 10 000.00 $, un lendemain de tempête de neige. Montréal... avec le gros Martial qui s'était retrouvé au poste 6 parce qu'il avait décidé, à l'instar du héros de la chanson *Dolores* de Charlebois, d'aller se promener « tout nu sa rue Ontario », par un beau samedi soir du mois de janvier vers minuit et quart, quand le thermomètre indiquait dans les moins 20 degrés centigrades avancés. Montréal... avec Martial qui fournissait Robert en *Tangerine STP*. Montréal, avec Martial et Ronald qui étaient venus chez lui avec Lortie, quelques semaines avant les événements d'octobre. Montréal, une couple d'années après le MANIFESTE DE L'INFONIE du ToutAtrBel de LUOAR RAOUL DUGUAY YAUGUD (« au boutte sur tous les bords en même temps ») qui avait enseigné le latin et la religion à Sainte-Louise-de-Mariclaque et qui n'avait pas été réinvité à enseigner au cégep Maisonneuve, en l'An de Grâce 1969, après avoir activement encouragé les étudiants à manifester leur désaccord envers l'administration, en 68 (année où il avait joué un rôle secondaire mais remarqué dans *Mon amie Pierrette* de Jean Pierre Lefebvre). Montréal... quelques années après : « 103 Tout Ce Qui Illumine Recherchera...106 Puisse L'Audela Ici Bas Etre en Toi... 108 Vienne La Victoire De La Totalité... 110 Vienne La Vie De L'Unité Multiple... ». Montréal, en religiologie, à l'UQAM, pour essayer de comprendre à quoi ça rimait cette soudaine invasion de Krishnas, sur fond de *My sweet lord... « I really wanna kiss you »*. Montréal... à l'UQAM, en religiologie, où l'on était inondé par des tonnes de prospectus pour vendre des fins de semaine de « Groupe et Croissance personnelle ». Montréal... à l'UQAM, en religiologie et l'étude du Proche-Orient ancien, à la lumière de la grille d'analyse transcendantale de Lonergan, qui prend en considération, entre autres, les points de vue capitaliste, marxiste, sociologique, politique, géographique, historique, chrétien, artistique, linguistique, anthropologique et sémiologique, pour n'en nommer que quelques-uns et grâce à laquelle méthode on pourrait passer une vie à étudier le mythe des guérets de Rigaud (le champ de patates transformées en pierres parce que le fermier avait travaillé le dimanche). Et, s'il n'en avait pas assez à raconter à son beau-frère, Christine se disait que son p'tit Robert pourrait aller faire un tour en Haïti, en passant par Les Cayes, à l'hôtel Concorde, avec sa vieille piscine vide jonchée de toutes sortes de vieilles affaires, et du linge qui sèche sur le trottoir de ciment alentour. L'hôtel Concorde dont la propriétaire, qui avait habité Montréal dans les années soixante, connaissait bien Prospère Saint-Juste, l'ancien propriétaire du Palmier d'Haïti. Prospère, l'ancien amant de sa grosse « platinum blond », avec un « french twist » de mère. Sa grosse blonde de mère... que Robert, qui avait dans le coin de cinq ans à l'époque avait entendu confier à Georgette, la waitress du *Parliament Hotel* : « qu'elle en avait assez de se faire fourrer avec une pissette molle par un gros nègre qui couraillait toutes les femmes. Et pis que ça devait pas être drôle d'être marié à un homme de même ». Robert pourrait raconter le drôle d'effet que ça lui avait fait de vivre ce télescopage spatio-temporel plutôt inattendu, grâce à son beau métier. Et Robert pourrait, s'il le voulait, continuer à parler de sa mère, qui expliquait à son fils unique (âgé de cinq ans à l'époque) qu'il serait son bâton de vieillesse. Et Robert pourrait raconter comment il faisait peur à sa mère, quand il sortait en hurlant de la laveuse à tordeur pendant que sa mouman s'affairait à préparer le petit déjeuner. Sa mère qui le laissait seul, en haut, quand elle descendait au bar, le samedi soir. Et Robert qui passait des heures à brailler et pis à taper avec une cuillère à soupe sur la porte qu'il n'arrivait pas à ouvrir. Sa mère qui avait fait engager, comme cuisinier, Joseph McKean qu'elle avait connu à Valley-Heights. Joseph McKean, qui avait fait la Deuxième Guerre mondiale, et qui buvait comme un trou. Joseph McKean, qui avait perdu une grosse job après l'autre, avant de se ramasser au *Parliament Hotel*, où il y avait à peu près trois pensionnaires. Joe, qui tirait au pistolet dans le champ de baseball, en arrière de l'hôtel et pis qui se téléphonait d'en bas, en se parlant en code d'agent secret. Joe, qui quand ça allait encore moins, décrivait, avec un sourire béat, les parties de football que les fourmis se disputaient sur le plancher de la salle à manger. Joe, qui avait fini par mourir, quelques années plus tard, après avoir saigné tout son sang, dans un vieux chalet à Mont-Rolland. Joe, que l'on avait retrouvé une semaine après, en compagnie de son jeune berger alsacien, qui avait commencé à lui manger le bras. Joe, que Robert détestait, parce qu'il avait découvert, à travers lui, que la vie peut être laide à en vomir et à en mourir. Joe, qui avait été dans la marine pendant la Deuxième Guerre mondiale et pis qui se réveillait en plein milieu de la nuit, en hurlant toutes sortes d'ostie d'affaires de bateaux de guerre en canadien-anglais. Joe, qui avait mangé une couple de bonnes claques sa gueule, en bas, dans le grill, quand y s'mettait à capoter. Joe (six pieds un, avec une face de cadavre et une ceinture fléchée et pis une tuque de carnaval), sur une photo en noir et blanc, avec la mère de Robert (cinq pieds deux, 339 livres, les cheveux platine, avec une robe décolletée noire, « strapless ») et puis Gaston (bas-sur-pattes, avec son ventre qui pète dans sa chemise à carreaux et pis un p'tit pinch, pour cacher son triple menton) qui sourit d'un sourire forcé. Joe, qui avait peut-être déjà été le chum de la mère de Robert, dans le temps, à Valley-Heights, avant la guerre. Joe, qui faisait retourner la grosse Huguette en arrière, avant Gaston qui était aigri, parce qu'il était celui de la famille qui n'avait pas réussi parce qu'il avait torché son père. Gaston, qui s'était rendu compte un peu tard que la pulpeuse Huguette lui portait sur le système nerveux central, avec ses habitudes de bébé de la famille. Huguette, le gros bébé gâté qui avait été championne de tennis de Valley-Heights. La grosse Huguette, qui était « une bien bonne personne » et qui avait dit à son fils, jusqu'à ce qu'il ait deux mois : « Viens voir matante Huguette ». La grosse

Huguette, qui avait dit à sa mère, en braillant, de prendre Robert parce qu'elle ne serait jamais capable de s'occuper d'un enfant. La grosse Huguette, qui n'aurait jamais dû sortir de Valley-Heights. La grosse Huguette, le bébé de la famille, qui avait marié Gaston, le cinquième d'une famille de quinze, qui avait été l'enfant sacrifié à son père. La grosse Huguette, qui avait marié Gaston qui n'était pas mort à quatre ans, même si Hector, à l'époque, avait mis sur sa liste d'achats, parmi d'autres items : « du velours noir pour le cercueil de Gaston ». La grosse Huguette, qui était passée de l'adolescence attardée à la vieillesse prématurée, sans avoir réellement été adulte. La grosse Huguette qui, lorsqu'elle avait à peine trente ans, demandait à Robert, qui en avait presque cinq, de lui promettre de ne jamais l'abandonner et d'être son bâton de vieillesse. La grosse Huguette, à qui Robert ferait payer cher cette promesse qu'elle lui avait arrachée et qui pesait trop lourd sur lui. Robert, et sa promesse que sa mère lui arrachait, régulièrement, tout au long de son enfance. Robert, qui avait fini par devenir particulièrement agressif avec sa mère, vers douze treize ans, et n'avait jamais cessé de l'être depuis. Robert, qui savait qu'il ne pourrait jamais pardonner à la grosse Huguette de ne jamais avoir été une mère et d'avoir demandé à son fils ce qu'elle aurait dû lui donner. Robert, et sa promesse qu'il n'avait jamais tenue. Robert, qui n'était surtout pas devenu pharmacien, ni avocat, ni rien après quoi une grosse Huguette pouvait s'accrocher. Robert, qui n'avait jamais connu la belle Huguette des photos et qui avait hérité d'une grosse blonde « teindue » qui essayait de ressembler à Patti Page, quand elle n'était pas couchée en train de se payer une bonne crise de foie « parce qu'elle ne mangeait pas assez », comme disait Gaston. Robert, qui était allé voir la grosse Huguette à l'hôpital de Saint-Jérôme, le lendemain de son opération pour la vésicule biliaire qui avait fini par être trop pleine de toutes sortes de bonnes affaires. Miam... Miam... Miam.... Robert, qui était retourné à l'hôpital de Saint-Jérôme, quelques années plus tard, pour voir la grosse Huguette que l'on avait « dégraissée » en incisant son gros ventre, horizontalement, *from coast to coast*, pour aller chercher quelques bonnes grosses pelletées de graisse. Robert, dont le père avait vendu le Parliament pour pas cher : parce que c'était pu payant avec les chambres qu'il avait été obligé de faire construire quand les libéraux étaient arrivés au pouvoir en 1960, avec Lesage, et qu'ils avaient décidé de rendre effective une loi existante (mais que l'Union Nationale n'avait jamais appliquée) qui disait qu'il fallait dix chambres pour vendre de l'alcool dans une municipalité de moins de dix mille habitants (ou quelque chose comme ça). Robert, qui s'était ramassé tout seul avec la grosse Huguette (six jours sur sept, et très souvent, sept sur sept), sur la rue Létourneux, à Montréal, parce que Gaston avait accepté une job de gérant à l'hôtel de son frère, à Boucherville, où il dormait sur place parce que disait-il : « avec mon travail j'me couche ben tard... et comme ça au moins... j'peux dormir un peu plus le matin ». Robert, tout seul, avec la grosse Huguette, qui n'avait rien trouvé de mieux à faire que de devenir asthmatique et de prendre des pilules pour les nerfs. Robert, tout seul avec la grosse Huguette, la fois qu'elle s'était trompée en répondant au téléphone qui était sur la table de cuisine et qu'elle s'était vidé la moitié d'une bouteille de Sprite dans l'oreille. Robert, tout seul avec la grosse Huguette qui étouffait de plus en plus quand elle essayait de comprendre. Robert, tout seul, à Montréal, avec la grosse Huguette, qui écoute de plus en plus ses «*preachers*» ce qui ne l'empêche pas de se régaler des histoires de Raoul, le concierge, qui lui raconte comment la bonne femme Pigeon (la maîtresse d'école qui a l'air d'un pou) se saoule deux, trois fois par semaine (abandonnant mari et enfants) et traverse la rue (avec rien en dessous de son manteau de poil) pour venir se faire fourrer par Raoul et pis ses chums qui trouvent ça ben drôle de lui mettre des bouteilles de bière dans le vagin et de lui faire les poches. Robert, tout seul, à Montréal, avec ou sans la grosse Huguette qui continue à prendre ses pilules, essaye toutes sortes d'affaires qu'on roule et qu'on fume ou qu'on avale, avec ou sans eau, dans le métro, avant de prendre la 55 pour aller voir *Night of the living dead* au Verdi. Robert, qui tout seul, à Montréal, le samedi soir, sur la rue Létourneux, vers trois quatre heures du matin, voit des bras qui sortent de partout des murs de l'appartement après avoir vu *Répulsion* sur l'acide. Robert, à Montréal, en 67, avant l'Expo, avec des morpions qu'il a attrapés depuis tellement longtemps qu'ils sont rendus dans ses cils. Robert, à Montréal, en 67, à quinze ans, qui passe son temps, stone ben raide, entre le Pavillon de la Jeunesse, la Place des Nations, le Beffroi musical, le Café Prague et la boutique Braque juste à côté de la *Mackay Grocery* que Gaston avait achetée en arrivant de Morin-Flats, et qu'il avait revendue la même année, avant d'aller travailler pour son frère, à Boucherville. La *Mackay Grocery*, qui n'était pas loin du Palmier d'Haïti où Robert allait livrer de la bière avec Gaston, dans la vieille Chevrolet, après la fermeture du dépanneur, parce que Molson et les autres ne voulaient plus faire crédit à Monsieur Saint-Juste. La *Mackay Grocery*, que Mademoiselle Lesly (qui venait de l'Île Maurice) avait achetée de Gaston. Mademoiselle Lesly (de l'Île Maurice, la blonde de Jimmy la police), qui avait travaillé au Palmier d'Haïti pour : « Monsieur Pospè pas Juste. Lui doit l'agent à tout le monde. Monsieur Pospè Saint-Juste c'est juste un go maudit écœuant ».

Mademoiselle Lesly (de l'Ile Maurice, la blonde de Jimmy la police), qui parlait créole; mais pas pareil que Monsieur Prospère qui venait d'Haïti. La boutique Braque, avec Franco qui donnait du linge et pis d'autres affaires à Robert et pis à d'autres pour une p'tite « *blow-job* » dans l'arrière-boutique. La boutique Braque, avec ses pipes à eau, ses posters psychédéliques, ses papiers à rouler (à toutes sortes de saveurs), son linge indien, ses odeurs d'encens de toutes les sortes. La boutique Braque, et pis Franco (cinq pieds deux, presque pas d'cheveux) avec ses grosses lèvres, son gros ventre et ses p'tits yeux cochons. Robert, en 67, qui est tout « mêlé ben raide » entre le *Capital* et *I Can't Get no Satisfaction*. Robert, en 67, qui commence à se trouver de plus en plus méprisable et insipide. Robert, en 67, qui essaye de se donner des airs de néo-surréaliste psychédélique, avec ses *Cent vingt jours de Sodome* qu'il lit d'une seule main. Robert, en 67, qui ne sait plus que penser de lui-même en apprenant que Rodrigue Charbonneau (un chum du séminaire de Sainte-Thérèse) s'est suicidé dans sa cave, à Laval, à quatorze ans. Robert, à qui la mort de Rodrigue montrait jusqu'à quel point il était mou, flasque, insipide et sans saveur. Robert, qui sentait qu'il vivait comme au ralenti, dans le coma, alors que d'autres ne pouvaient plus supporter la vie. Robert, qui était bien content de se faire venir des mets chinois, tout seul, le samedi soir, en écoutant un film des frères Marx, à la télévision. Robert, qui commençait à avoir de sérieux doutes sur lui-même. Robert, qui avait de plus en plus peur de rester un irrécupérable Robert toute sa vie. Robert, qui était tout « mêlé ben raide » dans la grande ville, avec un père qui avait accepté une job à Sept-Îles (parce qu'on ne lui avait rien proposé de plus loin) et une grosse Huguette sur les valiums qui passait son temps à Valley-Heights, chez sa « mouman ». Robert, qui en était encore à se demander ce qui lui ferait moins peur à lire : Baudelaire ou Rimbaud ? Robert, qui espérait que ça ne se voyait pas trop qu'il était un chieux, un pissou, un peureux. Robert, qui s'habillait avec des affaires en satin noir avec des rayures roses, et pis qui se tenait avec des *toughs* pour qu'on ne se rende pas compte que c'était une grosse « moumoune » qui faisait toutes sortes de sparages parce qu'il avait peur d'avoir peur. Robert, qui avait toujours douté de lui-même. Robert, à qui un moniteur de discipline du séminaire de Sainte-Thérèse avait appris qu'il ne serait pas réadmis l'année suivante. Robert, qui était devenu de plus en plus baveux, comme c'est souvent le cas chez les insécures. Robert, qui avait répondu au moniteur qu'il s'en « câlissait ben raide et pis qu'il pouvait ben se l'fourrer dans l'cul son ostie de collège » parce qu'il avait déjà été accepté à la section classique de la C.É.C.M., même avec ses mauvaises notes, à cause de ses tests de quotient intellectuel. Robert, qui au fond de lui-même, se disait que les tests devaient tester l'instinct de survie plutôt que l'intelligence parce qu'il avait tout fait le plus vite possible en pensant le moins possible. Robert, qui disait enfin bye ! bye ! au séminaire de Sainte-Thérèse, où la grosse Huguette, au volant de la vieille Biscayne, l'avait emmené avec Gaston pour la rentrée de 1964, avec des affaires pour tenir jusqu'à Noël, alors que les autres étaient arrivés avec des petites valises remplies de tout ce qu'il fallait pour se rendre jusqu'au vendredi suivant. Robert, qui avait fait toute une entrée triomphale, avec sa grosse malle de marin, dans les escaliers de l'entrée principale du séminaire de Sainte-Thérèse, avec la grosse Huguette qui s'était toute grimée et qui s'était fait refaire sa teinture platine et pis son *french twist* et pis qui avait mis sa belle robe décolletée et pis un ti-peu de Chanel nº 5, après avoir pris un bon bain avec du savon Yardley. Robert avait donc répondu au moniteur, le plus bêtement possible, pour que sa sortie soit aussi remarquée que sa rentrée. Robert, qui n'avait jamais voulu être pensionnaire... et en plus il avait eu l'air d'un con en rentrant. «C't'ostie» de moniteur-là qui s'pensait ben «smatte», allait y GOÛTER ! Le lendemain, en jouant au baseball, il avait enligné le moniteur, qui essayait de voler le deuxième but, et, du monticule, il avait visé l'oreille et avait atteint son gros nez qui s'était mis à saigner abondamment. Robert, qui était «chieux» mais «braque» lorsqu'on le cherchait en public. Robert, qui n'avait pas été surpris lorsqu'il avait lu, quelques années plus tard, dans un livre d'horoscope chinois, que les dragons sont chimériques et qu'ils n'existent que dans la tête des autres. C'était ce qu'il avait toujours pensé de lui-même. C'était peut-être pour cela qu'il voulait écrire ? Mais entre vouloir et faire... Il existerait en disant le plaisir qu'il avait eu à travailler avec Alain Cuny qui avait compris, dès sa première réalisation, à 81 ans, qu'il fallait «dompter cette caméra prétentieuse et indisciplinée». Il existerait en parlant d'Haïti. Il existerait en parlant de Lucien Francoeur et de sa mégalomanie(?). Il existerait en parlant des autres. qu'avait-il à en dire ? Par où allait-il commencer? Par Haïti? Mais qu'avait-il à en dire? Il avait travaillé sur un documentaire portant sur l'alphabétisation en Haïti, qui avait fini par s'intituler *Manger sel* d'après la croyance populaire qui veut que si un zombi goûte à du sel, il prend conscience de son état de mort vivant et il peut enfin se révolter contre son maître. Il avait vu ce film à la télé et il n'avait pas trouvé ça plus fort que ça. Gérald, le réalisateur, disait qu'il n'avait pas voulu montrer une Haïti qui ne permette plus d'espérer. Il avait donc continuellement coupé dans le matériel qui avait été tourné, parce qu'en Haïti il n'y a plus grand-chose qui permette d'espérer. Gérald, un bon Français installé au Canada depuis des années, qui s'était monté une petite P.M.E. en allant filmer, à travers le monde, tout ce qui était noir et créole. Gérald, qui n'osait pas dire dans son film ce qu'il disait tout haut dans la jeep, par crainte de se mettre l'Union Française à dos? Gérald, qui essayait de faire du cinéma en ménageant la chèvre et le chou. Gérald, qui interviewait les bonnes personnes et qui coupait tout au montage. Gérald, ou l'art de rendre Haïti fade et sans saveur. Robert se rappelait une soirée où ils étaient arrivés aux abords du petit village de Mirebalais (passé Saut-d'Eau, en continuant vers Hinche), dans le massif central : une région bien connue pour ses initiatives coopératives donc suspectes. Tellement suspectes que Duvalier, peu de temps après son élection, en 1957, avait fait briser la route bétonnée qui reliait cette partie du pays à la capitale, Port-au-Prince. Tellement suspects ces Haïtiens de Mirebalais qu'ils fuyaient comme des lièvres affolés quand ils apercevaient les formes d'une Pajero (le même type de véhicule que conduisent en général les macoutes). Il se rappelait Mirebalais et tous ces villages un peu à l'écart, où les gens, quand ils ont compris que vous n'êtes que des blancs, que des étrangers, viennent vous voir en faisant des gros sourires : « *Blan... Blan... Gen yon pakèt blan nan machin sa! a* ». Que des blancs qui apportent un peu d'argent, ou des Chiclets, ou des savonnettes que Gérald, qui en avait toujours plein les poches, distribuait de la jeep, avec un sourire figé, tout en faisant des bye! bye! de duchesse du carnaval, touchant une tête d'enfant par ci, par là. Que des blancs... qui s'arrêteraient peut-être au Café L'Avenir pour prendre un cola (ou une Beck's, ou une Prestige) et qui donneraient quelques gourdes aux enfants qui auraient lavé la jeep, malgré les protestations molles de ceux que l'on appelle gentiment, les « cochons grillés » ou les « GROS NÈGRES » lorsqu'ils sont importants et forts. Comme la fois où Robert avait entendu à la radio de Port-au-Prince, à propos d'une bagarre entre deux automobilistes où un blanc avait eu le dessus sur un noir : « *Blan sa a se yon gwo nèg, li bat lòt nèg la !* » Tous ces villages un peu à l'écart où les macoutes locaux et les sorciers font souvent bon ménage pour briser et annihiler les autres. Haïti et ses sorciers qui dominent des villages et des quartiers dans les villes. Des houngans, qui sautent toutes les femelles. Des houngans qui ont, quelquefois, plus de deux cents enfants qu'ils reconnaissent (ou pas) selon leur bon vouloir. Des houngans dont l'un des enfants pourrait se nommer, par exemple, Joli Bois Labranche et habiter rue Babiole, ou l'avenue Peu-de-Chose, à Port-au-Prince. Haïti, où les Gros Nègres vendent les nègres ordinaires aux planteurs dominicains pour quinze piastres. Haïti, où ces nègres ordinaires disparaîtront, à tout jamais, dans les champs de canne à sucre, de l'autre côté de la frontière. Haïti, le pays le plus pauvre de l'hémisphère occidental. Haïti, que plusieurs considèrent irrécupérable et que Gérald visitait tranquillement, en distribuant des p'tits savons. Haïti, où la France (qui vient loin derrière les États-Unis au niveau des investissements) continue d'agir comme si elle détenait le premier rôle. Robert s'était dit à lui-même (ainsi qu'au reste de l'équipe, composée exclusivement de Français de France qui commençaient à en avoir soupé du Canadien avec une grande gueule) que les Français n'avaient décidément pas peur du ridicule. Cette France qui appuie, évidemment, les tentatives de « créolisation » de l'enseignement car, n'est-ce pas, les Français sont toujours d'accord pour reconnaître la spécificité des peuples : « Évidemment, mon cher... ». Mais aussi cette France qui se sent une obligation de montrer aux nègres ce que c'est la vraie civilisation en leur présentant des vieux films de Philippe Noiret dans un Paris que les Haïtiens, pour la très grande majorité, ne verront jamais. La France, qui malgré tout, continue à faire flotter des vieux drapeaux déchirés sur des vieilles maisons coloniales complètement délabrées, où de vaillants fonctionnaires français empochent des salaires plus que convenables à faire on ne sait trop quoi. La France, qui paye pour qu'un vieux linguiste alcoolique et sa copine aillent vider des bouteilles de Barbancourt, chaque soir, au « chic » Hôtel Concorde des Cayes, tout en discourant sur les particularités du créole local au lieu d'aider concrètement les Haïtiens. La France, qui paye grassement ses coopérants pour aller engueuler de pauvres Haïtiens parce qu'ils n'arrivent pas à prendre l'accent de Marius quand on leur fait jouer des pièces de Pagnol. La France, qui aiderait bien davantage Haïti en mettant ses beaux francs français dans l'industrie du pays tout en s'assurant que les mains croches restent dans leurs poches et non dans celles des autres. La France et l'élite haïtienne font bon ménage alors que la réalité économique c'est l'Amérique, la méchante Amérique qui a occupé l'île de 1915 à 1934 et qui y a fait des conneries, comme partout où elle passe. Cette détestable Amérique, que les Haïtiens essayent de rejoindre par tous les moyens, sans jamais se décourager, même quand on les repousse à l'eau. L'Amérique, dont les Français ne peuvent s'empêcher de minimiser le rôle, à la manière d'un enfant gâté qui ne peut admettre d'avoir été supplanté. La grosse dégueulasse Amérique, que tous détestent mais qui est inévitable. La Gigantesque Amérique, qui est là et qui ne lâchera pas le morceau de sitôt; tandis que la France la regarde, dédaigneusement, alors qu'elle a elle-même contribué à saigner Haïti à blanc, en exigeant 60 millions de francs en échange de la reconnaissance, en 1825, de l'indépendance de son ancienne colonie. La France et la bourgeoisie haïtienne, qui parle un français précieux pour bien se mettre au-dessus des autres nègres qui rêvent de New York, de Zorro, de Rambo, de Dallas, de Little Haïti, ou de Miami Express comme on le voit écrit sur les tap-tap de Port-au-Prince. La vieille France, à propos de laquelle Robert, en tant que bon Québécois, avait le goût de dire aux Haïtiens qu'elle peut être aimable, malgré tout, à condition qu'on la remette à sa place au moins une fois par jour, sans quoi elle risque de vous apprendre que « nous en France »... La vieille France qui parle, qui appuie, qui encourage. Mais surtout la vieille France qui, voyant qu'elle est de moins en moins influente, cherche à conserver une sorte de dignité en faisant de plus en plus dans le culturel. La vieille France, qui regarde les autres comme s'ils étaient des rustres qui ne s'intéressent qu'aux viles activités économiques. Robert, lorsqu'il pensait à Haïti, devenait intarissable et il se disait qu'il devrait se limiter lorsqu'il aborderait ce sujet en écrivant à son beau-frère. Il se promettait cependant de n'oublier aucun détail quant à l'attitude complètement ridicule de la France dont Gérald avait habilement évité de parler alors que c'était au cœur même du sujet qu'il prétendait traiter : le non-enseignement du créole en Haïti. Haïti, la pauvre, que Robert aimait comme il ne savait même pas qu'on pouvait aimer un pays. Haïti, où Robert s'était senti de plus en plus à l'aise, aussi bien les deux pieds dans la merde de Cité Carton, qu'en sirotant un rhum punch sur la terrasse de l'Hôtel Oloffson. Haïti, la brisée. Haïti, où la France foutait quoi au juste... avec les francs des Français ? Les Français avaient le droit de savoir à quoi servaient leurs francs. Robert, depuis qu'il était Français (à cause de sa femme), se sentait très concerné par les dépenses de la France. Par exemple, la pyramide du Louvre, qu'est-ce que c'était que cette histoire-là ? Les Français en avaient-ils vraiment besoin ? Et pour la garder bien propre, la pyramide, était-il réellement indispensable que les Français payent des salaires à des « laveurs de vitres alpinistes » [munis de « squeegees » (raclettes en caoutchouc, selon l'Office de la langue française du Québec qui certifie que c'est l'équivalent le plus court) petits, petits afin que le show dure le plus longtemps possible] qu'on accrochait au bout d'une grue géante pendant qu'au sol des ouvriers (spécialisés, évidemment) les dirigeaient avec des câbles (eux aussi spéciaux, il va sans dire) selon des instructions émises sur des walkie-talkies haut de gamme ? Robert, en tant que bon Nord-Américain, avait été choqué de voir le travail devenir un spectacle. En effet, il avait eu l'occasion de voir les « funambules du nettoyage » à l'œuvre à plusieurs reprises lorsqu'il avait travaillé en France sur *Le vainqueur* (un documentaire sur Garlos Otto, l'architecte de l'Opéra Pastille) pendant les deux mois qui avaient précédé le concert qui avait été offert par François à George, Maggie, Brian et les autres, dans le cadre des festivités du Bicentenaire, dans la grande salle du nouvel édifice. L'Opéra Pastille, ça c'était une autre affaire que Robert se devait de mettre dans sa lettre. C'était un « pas pire sujet » pour un beau-frère français. La plupart des Français l'avaient critiqué (comme ils critiquent toujours tout) et même qu'on avait dit que le programme architectural consistait à « loger un éléphant dans une baignoire ». Et puis, il n'y avait pas que l'Opéra lui-même... Certains aspects du tournage risquaient d'intéresser un médecin du travail qui avait été co-auteur du « fameux » livre *Les dangers du métier* (dont tous les membres de la famille avaient hérité d'un exemplaire). Par exemple... il y avait eu la fois où l'assistante à la production[26] avait failli recevoir, d'une quarantaine de mètres plus haut, un gros bout de tuyau sur la tête. En effet, on avait ordonné aux ouvriers de continuer à travailler, même pendant que Povrerotti faisait un essai de voix dans la salle principale de l'Opéra encore en construction.

Ce dernier, en compagnie de Burger, le directeur de l'Opéra, était entré côté jardin, comme si de rien n'était et très *casual* en jeans et blouson de cuir, il avait regardé tout ça avec admiration, tout en se promenant sur la scène en faisant des vocalises et en « échangeant » avec l'entourage, alors que des bouts de soudure, encore incandescents, tombaient des cintres d'où provenaient aussi les bruits divers et variés des ouvriers qui, on aurait pu le croire, en rajoutaient pour l'occasion. L'équipe de tournage était composée de Jerry (le réalisateur manitobain qui ne possédait que très approximativement le français mais qui insistait pour interviewer lui-même les gens qui, pour la plupart, ne comprenaient que très peu l'anglais), de Jenny (la quelque peu sèche, quoique assez sympathique assistante à la production américaine, installée à Paris, qui savait qu'elle se faisait exploiter mais qui avait besoin d'argent pour payer son loyer), de Donald (le caméraman montréalais idéaliste qui préférait travailler à Paris parce qu'il trouvait qu'à Montréal on faisait trop souvent du cinéma n'importe comment et qui avait accepté de tourner sur *Le vainqueur* parce qu'il ne se passait rien d'autre pour lui à ce moment-là), de Jim (le chef électricien qui était aussi un bon golfeur ainsi qu'un joueur de poker et un cuisinier redoutable et à propos duquel son fils, Donald, se demandait parfois pourquoi il l'avait recommandé à la production tellement il avait un sale caractère, surtout depuis qu'il était retraité de l'ONF), de Francesco (le *soundman*, techniquement compétent, mais qui n'était pas fait pour bouger vite et transporter du matériel à longueur de journée) et de Robert (le fidèle ? assistant caméraman frustré qui avait toujours une aussi grande gueule qu'il n'avait pas encore appris à fermer). L'équipe avait filmé le tout qui n'avait duré qu'un quart d'heure, au maximum. Pendant l'événement, Donald, qui se déplaçait sur la scène, caméra à l'épaule[27], n'avait pas arrêté de bougonner: « Où c'est qui est Jerry tabarnak ? Y est jamais là quand on tourne crissss. Ça s'peut-tu un réalisateur de même ! Ben si m'dit pas c'qui veut... Ben d'la marde. Moé j'tourne ! Y aura c'qui aura. S'tie. Moé j'fais d'mon mieux. Calvaire. » Robert, tout en tentant de faire le foyer alors que Donald essayait d'être partout à la fois pour suivre Povrerotti (sur la scène, en bas de la scène et de nouveau sur la scène), avait abondé dans le sens de son caméraman préféré (un des seuls qu'il aimait bien, à part Michel, Joël, Philippe, Paul, Daniel) : « C't'un nul Jerry. C'est pas un réalisateur. C't'un bouffon. Un bouffon qui est même pas drôle. Un bouffon de bas étage. Un bouffon du Manitoba ! T'sais dans le genre platte à perte de vue. Platte là, du matin jusqu'au soir ». Robert avait continué d'en rajouter jusqu'à ce que Donald, n'en pouvant plus, lui dise : « Hey Gauthier tu vas tu l'farmer ton ostie de puisard ? S'tie j'ai pas besoin d'ça en plusse. J'ai déjà assez de problèmes avec Jerry. Ça fait que viens pas m'casser les oreilles avec ton ostie de diarrhée verbale. S'tie ! ». Robert, qui était habitué de se faire dire de la fermer par Donald (et par sa femme et par Philippe et par Michel et par Paul et par Conrad le machino de Gaspésie, et par...) avait fait semblant de ne pas comprendre, comme c'était son habitude et il avait continué à déblatérer pendant quelques instants, histoire de... : « Des fois j'te comprends pas l'gros. J'vois pas c'que t'as à t'plaindre. C't'encore ben pire quand y est là ! Y'est toujours dans nos jambes ou ben dans shot avec Francesco. C'est vrai qu'à ben y penser, ça f'rait peut-être des beaux souvenirs de tournage, Francesco pis Jerry avec Povrerotti... en 16mm. » Et... il y avait aussi que Robert se disait qu'il fallait bien que le gros Donald paye un peu, lui qui l'avait, plus souvent qu'à son tour, embarqué dans des histoires de fous. Mais Robert n'avait qu'à penser à Tom (avec qui il avait travaillé pendant plusieurs années) et il se mettait à trouver que Donald c'était un amour de caméraman, une perle. Mais surtout, Donald avait un bon sens de l'humour : chose essentielle à la survie dans le chic milieu du cinéma ; et encore plus dans le cas d'un documentaire, où l'on passe beaucoup de temps ensemble, veut veut pas, en petite équipe, « sous les ordres » de toutes sortes de réalisateurs, Jerry étant un exemple particulièrement éloquent qui démontre que vraiment n'importe qui peut devenir réalisateur, s'il le veut fort, fort, fort. Par exemple, il y avait la fois où Jerry avait décidé de filmer les gens qui attendaient à l'extérieur de l'Opéra pour recevoir des billets gratuits qui leur permettraient d'assister à une sorte d'avant-première du spectacle du 13 juillet (auquel événement le grand public ne serait évidemment pas invité, pour des raisons de « sécurité », entre autres). Ce matin-là, Jerry avait fait mieux que d'habitude. Il avait décidé d'organiser une sorte de vox populi où il demanderait lui-même aux bons Parisiens ce qu'ils pensaient du nouvel Opéra. Il s'était donc exécuté en posant des questions qui n'étaient ni en français, ni en anglais et qu'il ponctuait de gestes, qui s'étaient tout d'abord voulus explicatifs mais qui étaient devenus de plus en plus agressifs au fur et à mesure qu'il s'était rendu compte qu'on ne comprenait rien à ce qu'il disait. Le ton avait suivi les gestes... et les gens qui attendaient devant l'Opéra avaient commencé à se regrouper autour de Jerry qui gueulait de plus en plus fort tout en fendant l'air de ses petits bras musclés. Il avait fini par se tourner vers Robert (qui était le plus bilingue du groupe) mais il n'avait rien dit à la vue de son équipe qui était morte de rire. Robert faisait vaguement le foyer tout en disant à Donald : « J'te l'dis... y est complètement sauté ! Pour moé y est tombé d'dans quand y était p'tit ! Y a pu rien à faire avec ça ! Déchaussez-lé pas docteur. C'est dans tête que ça s'passe ». Donald, qui filmait à l'épaule, essayait courageusement d'empêcher la caméra de suivre le rythme de son fou rire. Quant à Francesco, il avait quand même réussi à demander à Jerry : « *Maybe chef... I ask de questions... in Frenche* ». Il n'avait pas obtenu de réponse de Jerry qui l'avait regardé avec mépris avant de disparaître dans la foule. Jerry n'était réapparu que le lendemain matin, comme si de rien n'était, avec une autre bonne idée qu'il avait expliquée à tous, avec tout le sérieux du monde. Jerry qui était prof de sculpture à l'université du Manitoba et qui avait décidé, tardivement, de devenir réalisateur. Jerry, qui en était à son premier tournage en film et qui avait accumulé son expérience en vidéo (qui offre, parmi d'autres avantages, au « vidéaste débutant », la possibilité de revoir le matériel immédiatement après l'avoir tourné, pour se faire une idée, si par hasard il n'est pas trop certain de ce qu'il vient de commettre). Les hypothèses étaient nombreuses quant à savoir comment Jerry avait pu se retrouver à la tête d'un projet, somme toute assez important. Robert, pour sa part, croyait que tout reposait sur le talent de comédien de Jerry qui réussissait à obtenir, presque instantanément, des choses que d'autres auraient mis des mois à négocier. Par exemple, lors du tournage en Italie qui devait servir à montrer un côté plus humain de Garlos Otto, en compagnie de ses filles, dans un cadre moins stressant que Paris (ce dont avaient semblé douter les adolescentes en question qui, à peine arrivées de Toronto, avaient été littéralement kidnappées à Roissy pour être expédiées sur un vol à destination de Pise, avec escale à Milan, pendant qu'une équipe de cinéma les filmait), Jerry avait obtenu la permission de filmer des plans à l'intérieur de la Scala de Milan, comme ça, sans préavis, sans avoir écrit six mois auparavant, comme il est habituel de le faire. Jerry s'était tout bonnement présenté à la porte de l'Opéra de Milan et il avait demandé à parler au directeur, alors que son équipe « d'intervention tactique » était embusquée dans la camionnette, prête à intervenir instantanément dans l'éventualité d'une percée dans les rangs ennemis. Comment avait-il fait ? Jerry avait tout simplement réussi à se faire prendre en pitié par le directeur, une technique qu'il avait régulièrement utilisée avec l'équipe pour obtenir d'elle un peu plus, souvent après avoir été particulièrement despotique et désagréable : par exemple après avoir proclamé, du haut de ses cinq pieds cinq, qu'il était le réalisateur et qu'on avait juste à faire ce qu'il disait (alors que les techniciens attendaient leur paye qui était déjà bien en retard). Jerry avait une façon de regarder les gens de ses p'tits yeux bleu pâle, des petits yeux pas parfaitement alignés, toujours un petit peu rouges et humides, comme s'il allait bientôt pleurer. Mais pour bien comprendre la « technique Jerry », il fallait aussi prendre en considération le contexte géographique. Ses yeux étaient situés à la base d'un immense front ridé qui semblait se prolonger à l'infini à cause de la calvitie du petit Manitobain et, de chaque côté du crâne dégarni, il y avait des touffes blondes, clairsemées, qui laissaient présumer que le petit homme d'une quarantaine d'années avait dû « friser naturel » autrefois. En outre, Jerry était du type sanguin, ce qui avait pour effet de bien mettre en évidence ses joues et son nez, comme s'ils avaient été maquillés. Selon Robert, il était évident que Jerry était passé maître dans l'art d'utiliser à son profit ces particularités physiologiques, dont certains auraient pu dire qu'il avait été affligé. Ainsi, lorsqu'il vous demandait une faveur, il avait une façon de regarder par terre en vous parlant d'une voix tout à coup faible et tremblotante, comme s'il savait qu'il n'était pas digne de porter le regard sur vous... et il « osait », l'espace d'un instant, lever les yeux, juste assez longtemps pour que vous puissiez y voir tout le « désespoir » qui s'y trouvait. Et vous, par un simple oui, juste un tout petit oui... vous pouviez lui rendre le bonheur, ce dont il vous serait éternellement reconnaissant. Le directeur de la Scala était tombé dans le panneau, tout comme celui de la Fenice à Venise, ainsi que le directeur des Arènes de Vérone qui, en plus, avait accepté d'être interviewé et filmé par une équipe dont il n'avait jamais entendu parler, sur le plateau d'Aïda, en compagnie de Garlos Otto. Jerry était très fort tant qu'on n'avait pas compris à quel petit jeu il jouait. Ainsi, pendant les premiers jours de tournage, comme pour compenser le fait qu'il n'avait même pas assez d'argent pour remettre les per diem à son équipe, il s'était régulièrement donné en spectacle pendant les repas (que « ses hommes » payaient de leur poche en attendant d'être remboursés). Il racontait plein d'histoires de son enfance, où il se donnait le rôle ingrat du petit naïf qui découvre l'amour et la vie. Au début, tous avaient bien ri. Mais Jerry avait une grande faiblesse : il était du genre qui ne gagne pas à être connu. Et très rapidement, plus personne ne le trouva drôle. Et même que chaque jour devenait de plus en plus pénible, surtout lorsque chargés comme des baudets [la caméra, le grand trépied, le petit trépied, les magasins[28] supplémentaires avec une autre sorte de pellicule (au cas où...), des batteries de *spare*, des cans de film des trois sortes, le sac noir[29] pour mettre et enlever le film dans les magasins, la claquette[30], des outils, des cans vides, les objectifs[31], les filtres et tout le matériel-son, ainsi qu'un peu d'éclairage (toujours au cas où...)] il vous faisait faire le tour une couple de fois de l'Opéra Pastille, encore en construction, il vous faisait monter (sans aucune raison sinon qu'il avait une tête de cochon et qu'il ne voulait pas admettre qu'il s'était perdu) par les ascenseurs du côté cour pour ensuite redescendre au sous-sol et remonter par les ascenseurs de l'autre bord, après être allé dehors pour voir s'il n'y avait pas quelque chose à voir. Tout ça... pour revenir au point de départ, sans avoir tourné un pied de film. Et tout à coup, il se mettait à filmer tout ce qui bougeait, le plus vite possible, l'air exaspéré, l'air de vouloir dire : « Vraiment c'est pas croyable de travailler avec des gens aussi bouchés. Des gens qui sont totalement incapables de saisir le sens de ma démarche créative ». Le sens de la démarche créative de Jerry, Robert l'avait cherché une dernière fois, lorsqu'il avait regardé le produit fini qui avait été présenté sur TV5, un soir de semaine, entre deux autres émissions dont *Le vainqueur* ne se démarquait pas, sinon par le travail du Gros Donald qui était remarquable et que Jerry avait critiqué tout au long du tournage. À cette occasion, Robert, le frustré, avait pu se dire encore une fois sans qu'aucun doute ne vienne affaiblir sa certitude, que des bons réalisateurs étaient rares comme de la marde de pape. Et Robert s'était rappelé, avec un malin plaisir, que Jerry avait passé son temps à dire qu'il faisait son film dans le but qu'il soit présenté dans des festivals d'art et d'essai... Mais avant qu'ils ne voient *Le vainqueur* à la télé, Robert et les autres avaient cherché en vain et à plusieurs reprises, le sens de la démarche créative de leur réalisateur. Par exemple, il y avait eu la fois... à Pise, vers sept heures et quart du matin, alors que Jerry arpentait le trottoir devant l'hôtel où l'équipe avait fini par trouver à se loger un peu avant minuit la veille, avant d'avoir soupé. Jerry, l'air impatient en regardant sa montre à peu près toutes les dix secondes, avait demandé les clefs à Robert avec son amabilité habituelle. Il s'était ensuite précipité de l'autre côté de la rue où il avait finalement réussi à ouvrir la portière arrière de la camionnette, après avoir « focaillé » un bon bout de temps dans la serrure. Jerry était ensuite monté dans l'autre voiture de location où l'attendaient Garlos et ses deux filles et, comme chaque fois que Garlos conduisait, l'auto avait démarré en trombe en direction (?) de la tour de Pise, sans que « monsieur le réalisateur » ait aidé à transporter une seule des quelque quinze caisses de matériel que Robert et les autres avaient montées dans leurs chambres, quelques heures plus tôt, en utilisant un ascenseur vétuste et minuscule qui ne se rendait qu'au cinquième étage, alors que l'équipe avait été logée dans les dernières chambres qui restaient au sixième. Lorsque Donald s'était installé au volant, après avoir aidé Robert et Francesco à tout mettre dans la van (de la seule et unique manière que ça entrait, tellement elle était pleine), il avait demandé, tout en se doutant bien de la réponse, si par hasard quelqu'un n'avait pas vu les clefs. Francesco avait éclaté de rire (de son gros rire encore plus cultivé que celui de Languirand) et il n'avait pas bougé de son siège. Après avoir dit « S'tie » et après avoir fini par trouver un taxi à cette heure matinale, Robert s'était rendu à la tour afin d'aller chercher les clefs, non sans avoir auparavant demandé vingt mille lires au Gros Donald qui avait eu le temps, lui, de changer des francs à l'aéroport, la veille, pendant que Robert essayait de retracer la caisse de filtres (qui avait disparu entre Paris et Pise) et qu'Alitalia devait éventuellement retrouver, à Rome, pour la remettre à l'équipe canadienne, à Roissy, le jour du retour à Montréal. À la tour, Robert avait dû attendre Jerry une bonne dizaine de minutes mais il avait cru sage de ne pas demander à Garlos, lorsque celui-ci était finalement arrivé, s'il avait eu de la difficulté à trouver... Jerry avait finalement remis les clefs à Robert après avoir prononcé des paroles plus ou moins cohérentes où Robert avait cru comprendre qu'il se faisait à moitié engueuler parce qu'il tardait à arriver avec les autres. Lorsque les larbins avaient fini par rejoindre leur « réalisateur », ils n'avaient rien compris, comme d'habitude, au processus créatif de ce dernier qui avait systématiquement évité de filmer la tour de Pise. Après avoir fait quelques images de la famille Otto (qui auraient aussi bien pu être filmées dans le Vieux-Montréal) Jerry, comme s'il avait fait cinq lignes de coke et bu une dizaine d'espressos bien tassés, s'était mis à dire à ses troupes qu'il fallait se dépêcher pour se rendre à Parme afin de filmer le Teatro Farnese. Lorsque Donald avait suggéré de s'arrêter pour acheter une couple de bouteilles d'eau et des cartes routières, Jerry avait répondu par la négative, l'air dégoûté, comme si Donald avait demandé de prendre *off* pour le reste de la journée. Francesco, qui ne comprenait que très imparfaitement l'anglais et qui n'avait rien pigé, avait alors dit, dans un anglais qu'il parlait aussi bien qu'il le comprenait: «*Chef, when do we eat?*». Jerry, pour toute réponse, s'était dirigé vers la Fiat où les membres de la famille Otto avaient sagement pris place à l'abri de tout ce qui ne les concernait pas et Garlos, toujours fidèle à sa réputation, avait fait un départ en faisant crisser les pneus. Les «trois mercenaires», qui ne savaient pas plus que Jerry et Garlos comment se rendre à Parme, avaient alors décidé, unanimement, de s'arrêter pour acheter de l'eau et des cartes routières. N'ayant pas trouvé de carte de la ville de Parme, ils avaient pris la route en se disant qu'ils arriveraient bien à trouver le Théâtre (dont ni Donald, ni Francesco, ni Robert ne se rappelaient le nom) lorsqu'ils seraient sur place. Quelques heures plus tard, ils avaient rencontré Garlos et les autres qui les cherchaient en faisant inlassablement le tour de la ville. Mais avant ces retrouvailles, les larbins avaient dit, dix mille fois, que Jerry était un pas normal dangereux. Jerry et la famille Otto avaient déjà mangé des sandwiches et ils étaient prêts à se rendre au théâtre qu'ils avaient fini par trouver. Donald, qui habituellement n'avait pas tellement tendance à jouer au chef d'équipe, avait décrété que lui et les gars avaient l'intention d'aller manger, bien tranquillement, du bon jambon de Parme dans un petit restaurant sympathique, s'ils arrivaient à en trouver un qui soit ouvert en plein après-midi. Plus tard Donaldo, Roberto et Francesco étaient réapparus, le ventre bien rempli d'antipasto et de vino, au Teatro Farnese où les attendait Jerry (qui sentant la « zuppa » chaude) n'avait pas, exceptionnellement, passé de commentaires sur le temps qu'avaient pris les boys pour manger. Donald avait fait quelques plans statiques, à six images par seconde, parce qu'il n'y avait pas assez de lumière dans le théâtre où Jerry, pour une fois, avait eu de la difficulté à obtenir la permission d'entrer. Et les mercenaires de l'image avaient ensuite tourné une couple de plans de la famille Otto dans les rues de Parme. Toute cette panique pour ne pas filmer la tour de Pise et faire quelques images du Teatro Farnese, dont il devait sûrement exister du stock shot de bien meilleure qualité. Mais le beau voyage en Italie n'était pas fini et le « chef » avait exhorté ses troupes à foncer sur Venise où Robert, au risque de perdre le reste de la gang, avait décidé d'acheter un guide (ou n'importe quoi qui parlait de Venise), dans une petite boutique, sur une petite rue qu'il aurait été bien incapable de retrouver. Il avait ramassé *Merveilleuse Venise* qui n'était pas un livre plus merveilleux que ça, qu'il lirait plus tard, un soir, bien tranquille dans son salon, à Paris ou à Montréal. « Opération Venise » avait été exécutée tellement rapidement que Robert, qui avait pourtant remis un travail de session sur Canaletto à l'époque où il étudiait en histoire de l'Art, ne s'était même pas rendu compte qu'il était sur la place Saint-Marc avant de se retourner pour voir si Donald suivait toujours. À la vue de la Basilique il avait failli tomber sur le cul. Au début il n'avait pas compris qu'il s'agissait de Saint-Marc. Sa première surprise venait de l'immensité de la place déjà à moitié traversée et de cet édifice spectaculaire au fond... De fait, le choc de

Robert était provoqué non pas tant par ce qu'il voyait mais parcequ'il ne l'avait pas vu avant. Il découvrait, encore une fois, qu'il n'était qu'un vulgaire petit mercenaire qui acceptait de travailler pour le premier venu. Tous ces touristes qui payaient pour venir voir la place Saint-Marc à Venise. Et lui... qui ne s'était même pas rendu compte qu'il s'y trouvait ! Il avait en quelque sorte honte de s'être fait avoir par Jerry qui courait presque, devant, sur la place. Rien dans les mains. Rien dans la tête. Engagez-vous, qu'ils disaient... *Join the army see the navy*... Le principal risque du travail que Jerry représentait, c'était qu'il pouvait vous faire détester votre métier, si vous ne le détestiez pas déjà. Et il y avait un autre truc que Robert ne devait pas oublier de mettre dans sa lettre... Le spectacle qui avait été présenté aux chefs d'État, le 13 juillet, à l'Opéra Pastille, avait eu lieu à peu près à l'heure prévue. Mais ce que la plupart des Français ne savaient pas... il y avait, pour cette occasion, une soixantaine de machinistes suspendus aux cintres de la scène qui recevaient des *cues* par walkie-talkies pour allumer et éteindre les projecteurs car la console informatisée n'était pas encore opérationnelle. En outre tout le système électrique de la grande salle avait été installé temporairement pour les festivités du Bicentenaire et il avait été refait, de façon plus définitive, dans les mois qui avaient suivi le spectacle. Robert était-il un critiqueux incorrigible ? Ou était-il malchanceux ? Quoi qu'il en soit, il lui semblait que tous les films auxquels il avait participé à l'étranger avaient été des histoires de fous. Par exemple, il y avait eu la fois où lui, Tom et Stewart avaient abandonné Benison, en partant avec l'équipement qui leur appartenait (c.-à.-d. la caméra, l'éclairage et le matériel-son) en plein milieu du tournage, à trois mille kilomètres de toute équipe professionnelle. Ils avaient respecté leur engagement jusqu'au dernier jour prévu dans leur contrat mais ils avaient refusé de travailler un jour de plus pour ce réalisateur dont ils avaient rapidement eu plein l'cul. Ils avaient accepté de travailler pour trois fois rien, en sachant que ce ne serait pas les vacances promises mais ils n'avaient pas imaginé que Benison était aussi incompétent. Tom s'était dit que ce serait une bonne idée d'aller tourner au Tonga, en Nouvelle-Zélande et en Australie où habitaient ses parents qu'il pourrait voir sans payer le billet d'avion qui n'est pas donné. Stewart, pour sa part, avait un frère à Auckland. Quant à Robert il n'était jamais allé dans ces pays-là et l'occasion se présentait. Mais tout avait très rapidement viré au cauchemar. Benison tournait 7 jours sur 7, du lever au coucher du soleil et il n'avait jamais assez de temps pour filmer les images dont serait constitué son chef-d'œuvre : une demi-heure pour enfants, comme on en voit des tonnes tous les jours à la télé. Il s'agissait de montrer des enfants du Tonga, de la Nouvelle-Zélande et de l'Australie faisant des choses typiques à leur pays. Du sans problème pour un réalisateur un tant soit peu compétent. Cinq semaines plus tard ils y étaient encore, un peu au sud de Yallingup, à 160 km en bas de Perth, à trois mille kilomètres de Sydney où sont concentrés tous les techniciens du cinéma australien. Les trois mercenaires n'avaient éprouvé aucun regret à mettre leur menace à exécution, d'autant plus que Tom avait pris la peine de téléphoner à Paul Wisemann (le producteur), à Toronto, une semaine avant l'expiration du contrat. Tom avait demandé que les salaires soient doublés, vu qu'ils travaillaient deux fois plus que prévu pour un type aussi incompétent qu'arrogant. Wisemann n'avait pas bougé et les trois avaient finalement quitté le tournage. Tom et Robert étaient repartis vers Sydney et Stewart s'était rendu chez son frère, à Auckland, où Maya, sa copine, devait le rejoindre avant de partir au Japon pour voir ses parents. Mais avant d'en arriver là, il était arrivé plein de choses que Robert raconterait peut-être à Jean. Dès le deuxième jour du tournage, sur une petite île déserte, juste à côté de Nuku'alofa, la capitale du Tonga, Tom avait manifesté son mécontentement à l'endroit de Benison qui n'arrêtait pas de dire que l'autre croisait l'axe optique. Tom, qui n'était pas un caméraman de génie, avait quand même déjà fait ce genre de tournage des centaines de fois et il avait dit à Robert : « *If that ass hole tells me once more that I'm crossing the axis, I'm gonna fucken punch his fucken face in !* ». Et, comme prévu, Benison avait dit : « *I'm sorry, Tom, but I think you're crossing the axis* ». Tom avait littéralement lancé la caméra à Robert et il s'était mis à courir après le réalisateur qui, sans trop comprendre, s'était tout de même mis, lui aussi, à courir sur la plage. Tom, qui avait déjà joué au rugby dans le *All Black League*, n'avait cependant plus vingt ans et il avait calé au bout d'une centaine de mètres. Benison en avait été quitte pour une bonne frousse mais Robert et Stewart n'étaient pas « *about to let their old mate down* ». Ainsi, chaque soir, après avoir bu de nombreux digestifs au bar du *Good Samaritan*, Robert et Stewart, qui se promenait toujours avec un bâton pour se défendre contre les chiens errants dont personne n'avait jamais vu l'ombre, entraient dans leur petit chalet par le salon qui était aussi la chambre de Benison. Alors, tous les soirs, Robert se mettait à injurier, le réalisateur endormi: «Kaka fait-là mon ostie de casse de bain, etc. etc.». Et Stewart se mettait à taper sur le lit avec son bâton. Et Benison essayait de se réfugier sous son oreiller. Et tous les matins, l'équipe, un peu plus fatiguée et un peu plus imbibée d'alcool, répondait à la connerie par la connerie, jusqu'à ce que le soleil se couche. Le *climax* s'était produit en Australie, dans le bar du *guest-house* où l'équipe logeait, à Yallingup, quand Tom un peu saoul avait renversé la table sur Benison. Celui-ci avait exprimé l'opinion qu'un plan de Tom n'était pas aussi bon que ce dernier le disait. Tom, qui avait voulu être comédien lorsqu'il était plus jeune, avait tout fait comme dans un western australien et la table avait valsé. On avait fini par séparer les deux hommes qui roulaient par terre, parmi les verres brisés. Ce n'était pas la première fois que Robert voyait Tom perdre les pédales et ce n'était pas la dernière. Comme la fois à Grande-Prairie dans le bar salon du *Journey's End*, quand Tom avait... C'était avec ce même Tom que Robert devait se rendre l'année suivante, en 1981, au Moyen-Orient. À nouveau, Robert avait eu l'occasion de constater que le cinéma c'était avant tout une histoire de sous, le plus important étant de faire débloquer les fonds gouvernementaux. Quant au tournage lui-même, c'était une autre étape. Ainsi, *La guerre des Turcs* (un projet qui avait obtenu un million et demi de dollars de financement) avait finalement été présenté sous forme d'intermèdes à la télé ontarienne, tellement le résultat final était décevant. Pourtant les organisateurs avaient tous bien fait leur travail et les fonds avaient été levés sans problème grâce, entre autres choses, à la fille du dernier sultan totoman, avant que Musfatha Mékal ne devienne le Président de la république zurque, en 1923. Chère Azade, en plus de ses antécédents familiaux, était la maîtresse d'un éminent spécialiste du Moyen-Orient, Paul Cohen, que l'on filmerait devant divers temples et ruines, ainsi que d'autres lieux pertinents au sujet. Sur papier, le projet semblait offrir de bonnes chances de succès. Mais Bill Maxwell avait sa petite idée sur le déroulement des choses et il avait rapidement mis son projet à exécution. Tout d'abord, il importait de mettre Cohen bien mal à l'aise. C'était une tâche assez facile que le réalisateur n'avait eu aucune difficulté à accomplir, puisque Paul Cohen n'avait pas d'expérience devant la caméra et qu'en outre c'était un homme timide. Ensuite, Maxwell s'était évertué à être le plus désagréable possible avec tout le monde. Il avait mis la cerise sur le sundae en mangeant des sandwiches au porc et en buvant de la bière à la frontière jordano-saoudienne, à Aqaba, en plein ramadan, alors que les Arabes faisaient abstinence totale du lever au coucher du soleil. Maxwell avait été renvoyé à la suite de cet incident et il était retourné à Toronto où, dit-on, il avait consulté son avocat qui avait réussi à obtenir qu'on lui verse les trois quarts de son salaire pour le cinquième du travail accompli. Il s'était rapidement trouvé un autre film à réaliser et un autre salaire à mettre dans sa poche. C'était ainsi que Tom s'était retrouvé réalisateur à la place du réalisateur, sur une série de sept heures que les instigateurs avaient présentée en laissant entrevoir que le produit final n'aurait rien à envier à *Civilisations* que sir Kenneth Clark avait animée quelques années plus tôt. Que Tom accepte cette promotion n'avait pas surpris Robert outre mesure, car il connaissait suffisamment ce dernier; même qu'il l'aurait bien vu dire oui à la présidence des États-Unis, si on la lui avait offerte. Pour Tom, Ajax c'était une sorte de poudre à récurer inventée avant le Comet... Et Troie n'avait rien à voir là-dedans. Mais là où Robert se posait des questions, c'était que le producteur avait décidé de nommer Tom *Director-Cameraman*. Maxwell n'était certainement pas un être agréable et il ne connaissait pas vraiment le sujet qu'il prétendait traiter; mais au moins il n'en était pas complètement ignorant. Dès le premier jour de tournage, avec Tom au contrôle, Saül Rosner, le producteur, s'était rendu compte que son nouveau réalisateur ne s'intéressait que très peu aux vestiges du passé. S'il ne trouvait pas une solution très rapidement, il se ramasserait avec sept heures de chèvres et de chameaux que Tom semblait bien décidé à poursuivre du matin au soir, aussi bien d'une dune à l'autre que dans les ruines de Jerash, en passant sous l'arc de triomphe d'Hadrien, caméra au poing, en disant à Robert : « *At least the fucken goats move ! Not like these fucken old stones. Who the fuck gives a shit about fucken stones anyhow ! Mate... Would a good cold beer go down fine !* ». Ce n'était pas la première fois que Robert voyait un producteur réagir ainsi : remplacer un réalisateur trop calculateur par quelqu'un de reconnaissant, obéissant, sans se soucier de sa compétence. Chaque fois, Robert avait constaté le même résultat : un produit complètement nul. Mais nul comme ça il n'en avait jamais vu. Et pas seulement parce que Tom avait été promu réalisateur. Il y avait aussi que le recherchiste (qui devait continuellement précéder l'équipe d'une location pour déblayer le terrain et fournir de l'information pertinente au réalisateur) s'était séparé de sa femme, juste avant le début du tournage et il refusait de sortir de sa chambre du Sheraton à Amman, où il s'était enfermé avec son « assistante » rencontrée dans un bar à Toronto quelques jours avant le départ pour la Jordanie. Rosner avait beau dire qu'il finirait par sortir, l'autre ne donnait aucun signe en ce sens et il continuait à faire grossir la note du room-service à coups de bouteilles de champagne et de caviar iranien. Il y avait aussi que le recherchiste était le fils d'une personne très influente qui avait fait beaucoup pour promouvoir le projet et Rosner en était bien conscient. Aussi ce dernier avait-il réuni dans sa suite, illico presto, Lee Malo, la directrice de production et Tom. Au bout d'une bouteille de scotch et de quelques bières, les trois avaient trouvé la solution à tous leurs maux. Il suffisait d'y penser : éviter le plus possible la dimension historique et soigner la présentation le plusse possible. Surtout que le budget le permettait... *Lights ! Camera ! Action !* ... Et des accessoires « d'époque ». Et des costumes « d'époque ».

Et des figurants « d'époque ». Et des séances de *casting*[32], dans la suite de Rosner, dans les Sheraton d'Amman, Damas, Jérusalem, Tel Aviv et Istanbul, pour trouver une belle princesse ou une fille de sultan, ou les femmes du sultan pour la scène du bain, dans le harem. « *They're gonna fall flat on their asses in Toronto when they see this !* ». En avant les janissaires ! « *No ! No ! Cut ! Cut ! Fuck ! I said the horses in front of the women ! Can't they do anything right ! Jesus-Christ ! Fucken Ali ! What's the matter with this guy ! I just can't fucken believe it ! This guy is getting paid ? I mean we're loosing the fucken light and he fucken fucks up the fucken shot ! Christ the fucken sun is gone and so is the fucken shot !* ». Le *fucken* Ali... avait accepté la direction de production locale pour faire un peu d'argent parce qu'il avait été démis de son poste de directeur de l'Opéra d'Istanbul à cause de ses convictions politiques, lorsque l'armée avait pris le pouvoir, en 1980. Il ne couchait jamais au même endroit, de peur de se faire jeter en prison. Ali avait assisté Yilmaz Gunëy quand celui-ci réalisait ses films, à partir de sa cellule de prison, avant de réaliser *Le mur*. Ali rigolait bien de voir les acteurs[33] turcs de second ordre jouer, comme dans les mauvais films turcs, dans leurs vêtements de pacotille, avec leurs armes de pacotille et sous leurs grimaces de pacotille, alors que les *Canadians* se congratulaient mutuellement de réinventer le documentaire. Ali et les autres Turcs en avaient rapidement eu marre des *Canadians* qui passaient leur temps à tout critiquer et à se prendre pour d'autres. Ali s'était lié d'amitié avec Robert qu'il avait raccompagné à l'aéroport, une semaine après le départ des autres qui étaient tous rentrés chez eux aussitôt le tournage terminé, en attendant que ça se calme en Égypte à la suite de l'assassinat de Sadate. Mais personne n'était jamais reparti pour l'Égypte, après que la haute gomme de Toronto eût visionné le matériel sans être tombée *flat on their asses*. Les «autres» avaient bien rigolé, quand même, le temps que tout ça *avait* duré. Et Robert, qui avait eu, lui aussi, sa part du gâteau. Robert, qui avait logé dans les Sheraton, grâce aux combines de Rosner qui avait obtenu des chambres gratuites pour son équipe, en échange de films publicitaires qu'il avait promis de tourner pour chaque hôtel qui les accueillerait. Le contrat de Robert, qui portait une clause (grâce à Tom, qui avait eu la bonne idée de confier la négociation à un avocat) à l'effet qu'il avait le droit de téléphoner au Canada deux fois par semaine. Robert, qui n'avait pas vraiment quelqu'un au Canada à qui il voulait parler deux fois par semaine. Robert, qui s'était tout de même prévalu de son droit et avait téléphoné, deux fois par semaine, à Micheline chez qui il habitait à Montréal depuis que lui et sa femme s'étaient séparés. Robert, qui avait écouté Micheline lui raconter les progrès qu'elle faisait à cheval et les humeurs de son chien. Robert, qui avait fait monter la note du téléphone à plus de cinq mille dollars en quatre mois. Robert, qui s'était aussi prévalu de son droit, comme les autres, de faire venir une personne de son choix pendant trois semaines (pour qui la production acceptait de défrayer les frais de transport: une autre combine de Rosner avec les lignes aériennes). Robert, qui s'était ramassé avec Micheline dans sa chambre, faute de quelqu'un d'autre à inviter en Israël et en Turquie. Robert, qui tout en profitant des magouilles des *Canadians*, se rendait compte qu'il était une sorte de parasite qui se nourrissait à même les rapaces. Et Robert, qui se disait que c'était à cause du monde comme ça, lui compris, que plein de bons petits projets ne verraient jamais le jour au Canada, faute d'argent. Des histoires de tournages fuckés, Robert en avait plein à raconter et il verrait, un peu plus tard, lesquelles il narrerait à Jean. Par exemple, la fois où il avait tout organisé avec sa femme pour habiter quelques mois à Aix-en-Provence chez la sœur de Christine (afin que Jeanne-Laurence passe un peu de temps avec son cousin et ses cousines en famille) et qu'il s'était ramassé en Tunisie avec le gros Donald, sur une coproduction canadiano-tunisiano-belge... La petite famille devait prendre l'avion le 22 avril et Donald avait téléphoné à Robert le 18, pour lui proposer de partir le 21. Robert avait accepté, comme il acceptait toutes les offres à cette époque-là, car la naissance de Jeanne-Laurence l'avait complètement insécurisé financièrement ; d'autant plus que Christine n'avait pas encore terminé sa maîtrise en linguistique et que, par voie de conséquence, elle ne rapportait pas beaucoup d'argent à la maison. Ainsi donc, la mère et la fille s'étaient rendues en Provence, comme prévu, et Robert était allé un peu plus au sud, à Djerba... et il n'avait pas vraiment fait un beau voyage, contrairement à Ulysse qui, dit-on, avait eu tellement de mal à quitter l'île enchanteresse des Lotophages. Il avait travaillé six et, plus souvent qu'autrement, sept jours sur sept dans des conditions pour le moins adverses. En effet, il avait dû remplacer l'assistant caméraman du pays sur un long métrage commencé depuis trois semaines. Pendant cette période, quatre réalisateurs avaient été congédiés avant que Pausé Rambot ne soit appelé à la rescousse pour sauver le film. Ce dernier avait « pausé » ses conditions : entre autres, qu'Albert, le cadreur belge, soit muté en deuxième équipe[34] parce qu'il ne savait pas travailler avec une tête à manivelles, une façon française de dire que l'autre manquait d'expérience dans le domaine du long métrage. Tofik, l'assistant tunisien, avait suivi, comme il arrive en général dans ces circonstances-là. C'était ainsi que Donald et Robert étaient partis du Canada avec une Worrall (tête à manivelles) en excédent de bagage... Et c'était ainsi que Robert s'était ramassé en première équipe, sans que Tofik en eût été averti avant le matin même ; et c'était ainsi que Robert s'était retrouvé sans deuxième assistant, car Ameur avait décidé de rester fidèle à son premier qu'il avait suivi en deuxième équipe, sans que personne n'ose s'y opposer. En outre, Robert avait eu le plaisir de se retrouver, pour la première fois, face à face avec une caméra MOVIECAM dont il n'existait, à cette époque-là, qu'un seul exemplaire au Canada, à Toronto. De plus, tous les objectifs étaient calibrés en mètres, alors que Robert avait toujours travaillé en pieds, comme la plupart des assistants en Amérique du Nord. Ainsi, ce premier matin-là (et à plusieurs autres occasions) Robert s'était-il demandé s'il avait vraiment bien fait de s'embarquer dans cette aventure. En plus Jeanne-Laurence avait très mal accepté son départ, d'après ce que Christine lui avait dit les quelques fois où il avait réussi à communiquer avec Aix, de la Tunisie. Jeanne-Laurence, qui n'avait pas encore deux ans à ce moment-là, prétendait que Robert n'existait plus. Puis, rendue en France, elle avait déclaré n'avoir plus de maison et elle avait commencé à se ronger les ongles quand Christine avait tenté de la mettre à la garderie avec son cousin. De plus, elle s'était distinguée en brisant un verre avec ses dents ; elle s'était aussi évanouie, ce qui avait obligé le mari de la sœur de Christine à faire des pieds et des mains pour qu'on lui rembourse les billets d'avion (achetés en super-spécial) pour que toute la gang aille rendre visite à Robert à Sousse, où ce dernier avait été logé dans un studio avec huit lits, directement sur la plage... Comme Christine devait l'apprendre à ses propres dépens, il est assez rare qu'un jeune enfant perde connaissance. Lorsque cela se produit, il est de pratique courante de l'hospitaliser pendant une bonne semaine, parce que la perte de connaissance, à cet âge, peut signifier un coma. Pour minimiser les risques, on administre du valium à l'enfant. À l'hôpital d'Aix, on n'avait pas jugé bon (ou on avait oublié) d'en avertir Christine qui ne comprenait plus ce qui arrivait à sa Jeanne-Laurence qui, de jour en jour, ressemblait de plus en plus à un légume. Robert avait donc été drôlement heureux de revoir sa « fi-fille » à l'aéroport de Marignane, quand il s'était arrêté en France durant quelques jours, avant de se rendre en Belgique pour les deux dernières semaines du tournage. Mais avant d'arriver aux douanes françaises, Robert en avait vécu des vertes et des pas mûres. Sur *La Fleur du désert* (contrairement à *La guerre des Turcs*) ce n'était pas tellement l'appât du gain qui déterminait le comportement des individus. Par exemple, les salaires d'Albert et de Tofik n'avaient pas été touchés à la suite de leur mutation en deuxième équipe, mais ils avaient tout de même appris à détester ces Canadiens que le réalisateur français (qui méprisait les Belges et qui condescendait à peine à parler aux autochtones) avait adoptés « car avec eux, au moins, les choses avançaient... ». Du haut de ses cinq pieds quatre pouces, Pausé Rambot, le bob, les bermudas, les baskets, les Vuarnet et la crème de zinc sur le bout du nez en moins, pouvait faire penser à un autre petit Français qui, dit-on, avait des problèmes avec ses bretelles... C'était probablement à cause de cette détermination et l'énergie qu'il mettait dans son travail, qu'Al Lindelon (qui est bien connu pour son intransigeance avec tous ceux qu'il embauche) l'avait engagé comme réalisateur. Pausé était effectivement un tâcheron infatigable qui connaissait bien son travail et assez intelligent pour savoir qu'il détenait le gros bout du bâton puisqu'on l'avait fait venir pour « sauver » le film. Il savait aussi que son travail consistait à mettre des images bien faites sur un scénario qui était une suite de clichés éculés. C'était un service qu'il rendait à Jean-Luc Dibeau qui avait accepté de jouer dans *La Fleur du désert* parce qu'il avait besoin d'argent. Dans ces conditions, Rambot n'avait pas vraiment l'intention de se faire chier outre mesure et il n'en ratait pas une pour le faire savoir à tous ceux qui n'étaient pas d'accord avec lui. Sur ce plan, Robert trouvait que Rambot avait tout à fait raison. Ce dernier avait évalué ce qu'il devait faire pour donner au projet un air présentable vu les moyens limités offerts, tant financièrement qu'en ressources humaines compétentes. En outre, il ne se gênait pas pour dire que les producteurs des trois pays « étaient des rigolos qui pédalaient dans la choucroute et qu'ils auraient mieux fait de se recycler dans l'élevage des escargots... Car, au moins là, ils n'auraient pas été dépassés par les événements... ». En ce sens, Robert trouvait que Rambot était un vrai réalisateur qui n'avait pas peur de ses opinions. Et même s'il ne le trouvait pas génial, il le respectait car il voyait bien qu'il avait affaire à quelqu'un qui savait ce qu'il voulait. Par exemple, Pausé ne tolérait pas que la maquilleuse retarde le tournage pour aller retoucher un comédien qu'on ne verrait que de dos, dans un plan large... Rambot connaissait toutes les focales et il ne comprenait pas qu'il faille regarder dans la caméra pour voir le plan. Robert n'en avait pas rencontré beaucoup des comme ça et il s'était surpris lui-même à être attentif à ce que le réalisateur disait, ce qui ne lui était pas arrivé depuis longtemps. De plus, Rambot ne donnait pas sa place au niveau de l'éclairage et il n'avait pas été tendre avec le directeur-photo belge qu'il tenait pour une nullité. Il avait essayé de le faire remplacer par Donald à plusieurs reprises, mais chaque fois, il s'était heurté au producteur belge qui était un copain de Marteens. Alors le petit Français s'était acharné sur ce dernier en se disant que l'autre finirait bien par capituler s'il l'humiliait suffisamment sur la place publique. Ainsi, chaque début de journée donnait lieu à des tirades par lesquelles le réalisateur essayait d'avoir la peau du directeur-photo. « Ah! mais c'est Marteens qui est là... Ah! ça c'est gentil mon Mimi d'être venu voir les copains travailler... Parce que toi, ce que tu fais... on ne peut pas vraiment dire que c'est du travail. En tous les cas moi je n'appelle pas ça du travail. C'est n'importe quoi sauf du travail. Non... mais moi j'trouve ça triste de te voir revenir jour après jour... Si tu te respectais un tant soit peu, mon vieux, tu serais parti avec l'autre con là : le réalisateur belge qui a été remercié après la première semaine de tournage. Dans ce métier il faut savoir se tenir. Moi je dis les incompétents avec les incompétents et les vaches seront bien gardées. Eh bien non... Toi tu t'accroches ; envers et contre tous... Tous les jours, tu viens nous emmerder avec tes conneries de réflecteurs que tu prends une éternité à placer n'importe comment. Et pendant ce temps-là, nous on attend, en plein milieu du désert, que Monsieur le directeur de la photographie consulte ses posemètres. À ce que je sache, le soleil ne s'est pas sensiblement rapproché de la terre depuis hier et je n'ai pas vu un nuage dans le ciel depuis que je suis arrivé en Tunisie. Alors fais-nous tous plaisir et, si t'insistes pour rester, remballe tes instruments et regarde, sans faire de bruit ». Et Rambot, invariablement, chaque matin, exhortait les techniciens à ignorer tous les ordres que pourrait leur donner Michel Marteens. Marteens avait tenu bon jusqu'à la fin du tournage à Bruxelles, malgré tous les efforts de Rambot qui, en désespoir de cause, s'était attaqué à la vie privée du directeur-photo, le dernier jour de tournage. En effet, Rambot avait téléphoné à Marteens, vers minuit et, après s'être excusé d'avoir un peu exagéré pendant le tournage, il avait invité Marteens à venir se joindre au groupe qui fêtait la fin du film à l'hôtel Métropole. Il avait aussi ajouté que Anne-Yvonne Martinet, la maquilleuse avec qui « Mimi » avait eu une aventure en Tunisie était visiblement malheureuse de son absence. Comme prévu, Marteens avait quitté le lit conjugal pour venir retrouver « sa merguez », comme l'avait surnommée Rambot. Et, comme prévu, Mimi n'était pas rentré chez lui avant le lendemain matin. Quant à savoir si Rambot avait réussi à semer la zizanie dans le ménage de Marteens... Robert devait obtenir la réponse quelques années plus tard, lors d'un travail de quelques jours, sur la série *Formule A*. En parlant de choses et d'autres avec le cadreur français, le nom de Pausé Rambot était arrivé sur la table. Robert avait alors commencé à raconter son aventure tunisienne en bon petit Robert-ta-gueule-Woh-Woh-Woh-Capitaine-Bonhomme-Gauthier-le-potineur qu'il était mais Joël l'avait interrompu en di-sant : « La Tunisie... Ça me dit quelque chose ça... Avec Verglocken qui produisait... Et puis la photo c'était Marteens. Mais oui... C'était Mimi qui faisait la photo... Marteens et Rambot j'crois qu'ça n'allait pas tellement... ». Ainsi, Robert avait appris que Mimi et Gertrude étaient toujours ensemble et que la copine de Joël était la meilleure amie de la femme de Marteens. Un peu plus tard cette année-là, François, qui avait assisté Joël sur *Formule A* à Paris, déménageait ses pénates au Canada pour vivre avec Jacqueline, la voisine de Robert qui avait été scripte sur cette série. Ainsi Robert devait en apprendre de bien bonnes au sujet de Joël: entre autres choses, à propos d'un certain tournage où il était question du Bois de Boulogne et de Brésiliennes, ce qui devait lui servir pour tirer la pipe à Joël lorsqu'il lui avait rendu visite pendant qu'il tournait sur *Le vainqueur*. À cette occasion, Robert s'était retrouvé dans le Marais, à quelques rues de chez Joël, dans l'appartement temporairement libre des amis de Merlyne (une chum de la cousine de sa femme qui aurait bien prêté son appartement à Robert, mais elle l'avait déjà promis à une copine vénézuéliennequivoulait être à Paris pour l'été du Bicentenaire). En effet Merlyne n'habitait pour ainsi dire jamais son studio des Halles depuis qu'elle n'était plus avec la cousine de Christine ; et encore moins depuis qu'elle habitait avec Nicky qui avait décidé d'acheter l'immeuble où elle avait son appartement afin de faire de la place pour le bébé que Merlyne attendait et qu'elle n'avait malheureusement pas pu lui faire elle-même... Mais ça... Robert se demandait s'il allait tellement l'aborder car Jean était un pince-sans-rire qui adorait faire fâcher sa cousine qui avait un sens de l'humour qui excluait qu'on aborde certains sujets, dont la maternité de Merlyne, à ce que Robert soupçonnait ; surtout depuis qu'une certaine paix semblait s'être installée entre elle, son mari et son fils. Robert se disait qu'il était préférable de ne pas trop parler de la famille à Jean, à moins de vraiment vouloir partir des histoires qui auraient pu être drôles au début, mais qui risquaient fort de prendre des proportions totalement imprévisibles (et possiblement dramatiques) si on se fiait au passé de la famille de sa femme... D'ailleurs, à bien y penser, Robert se disait qu'il valait mieux ne pas trop raconter de choses personnelles à son beau-frère. De toute façon, il ne fallait pas qu'il perde de vue pourquoi il lui écrivait : pour avoir la paix avec sa femme. Alors ça servait à quoi de rentrer dans des détails trop personnels ? De toute façon il n'en était pas encore là. Pour l'instant, il s'agissait plutôt de faire une sorte d'inventaire de ce dont il se souvenait de sa vie, comme ça, sans trop réfléchir. Ensuite, il ferait un tri. S'en tiendrait-il à raconter des trucs par rapport à son travail ? Aborderait-il, par exemple, le sujet de sa mère et de son enfance, sinon de façon très anecdotique ? Et que raconterait-il de son arrivée à Montréal et de ses expériences avec la drogue ? Il ne connaissait pas tellement son beau-frère et puis il y avait des millions de choses à dire sans entrer dans les détails de la vie privée. Par exemple, à quoi ça lui servirait de raconter à Jean le drôle d'effet que ça lui faisait quand Rambot « rentrait dans le lard » à Marteens ? Qu'est-ce que ça apporterait à Jean de savoir que ça lui faisait tout chaud en dedans et que ça le faisait bander, comme à l'époque, quand lui et Rodrigue (celui qui s'était suicidé à quinze ans, après avoir pris de l'acide dans le sous-sol aménagé du bungalow familial à Laval) tordaient les bras de Marc Labelle au séminaire de Sainte-Thérèse, comme ça, sans raison, juste parce qu'ils le trouvaient con. Et encore plus lorsqu'il revenait les voir le lendemain : « Hey les gars... ça vous dérange-tu si... ». Qu'est-ce que ça donnerait à Jean de savoir que, juste à y penser, il avait encore le goût de lui tordre les bras à Labelle. Non, il y avait plein d'autres choses à dire. Par exemple, il pourrait parler de la beauté du désert tunisien et de son séjour à Tozeur, au « chic » hôtel Continental avec ses couloirs sombres et ses vieux tapis qui sentaient la pisse de chat (les chats chassent les scorpions et les serpents) littéralement recouverts, tous les matins, de coquerelles géantes (blattes pour le « beauf ») qui faisaient crunch... crunch... quand on marchait dessus. Et puisqu'il était dans le domaine des coquerelles, Robert se disait qu'il ne fallait pas qu'il oublie de parler de la fois où il était allé chercher un espresso au bar, très tôt le matin (car ce n'était pas possible d'en obtenir un dans la salle à manger du Continental) et que le barman qui n'était pas encore trop trop réveillé, avait sorti sa pompe de Fly-tox de dessous le comptoir et avait réglé son compte à une super grosse coquerelle qui avait eu la malencontreuse idée de s'aventurer dans la petite boîte de bois qui servait à recueillir le marc de café. Le barman avait regardé la bête se tordre de douleur pendant quelques instants et, lorsqu'elle s'était retrouvée sur le dos, agonisante, les pattes tremblottantes, il avait demandé à Robert dans un français impeccable : « Et pour monsieur ce sera ? ». Il fallait aussi qu'il raconte la fois où...

à Djerba (qui est à moins d'une demi-heure de Tripoli par avion), le vieux cascadeur[35] français « *has-been* » (complètement démoli par l'alcool et dont la moto ne partait jamais quand la caméra tournait) avait annoncé solennellement dans le parking de l'hôtel, au convoi qui partait vers la location : « Les mecs... les Amerloques ont bombardé Kadhafi cette nuit ». Robert se disait aussi que Jean, en sa qualité de médecin du travail, serait peut-être intéressé par des petits faits divers, où la notion de risque du travail se présentait un peu différemment de ce qu'il avait l'habitude de voir à la centrale nucléaire de Chinon. Par exemple, lorsque l'équipe arrivait, un peu après le lever du soleil, à la petite gare (quelque part entre Metlaoui et la frontière algérienne où il avait été prévu que l'on filmerait la séquence « des méchants cavaliers arabes qui attaquent le train où sont montés les bons »), il n'était pas rare de voir un des palefreniers tunisiens (qui arrivaient avant tout le monde pour s'occuper des chevaux et qui marchaient, pieds nus, sur les cailloux où reposaient les rails de la voie ferrée), les yeux dans la graisse de bines, alors que l'infirmière du plateau aspirait, à l'aide d'une petite pompe, le venin d'un scorpion qui n'avait pas apprécié qu'on le réveille si tôt le matin... Et puis... il y avait le producteur tunisien, Ahmed Razia, qui proclamait fièrement que pour être un bon producteur en Tunisie, il fallait nécessairement mettre tout sentiment humain de côté. Et il y avait aussi le grand Aziz, le chef électro de la RTT, qui faisait dire au Gros Donald : « *Fuck* les lumières. *Let's shoot it as is* ». Celle-là, Robert ne devait pas oublier de l'expliquer à Jean parce que côté anglais, son « beauf » était plutôt allergique malgré les nombreux séjours, qu'adolescent, ses parents lui avaient payés en Angleterre pendant les vacances d'été. Il avait fait comme sa sœur Christine qui, aussitôt arrivée de l'autre côté de la Manche, s'était toujours arrangée pour se faire des copains qui parlaient français ; et même que, d'après ce qu'elle disait, les familles anglaises finissaient par apprendre le français plus qu'elle l'anglais. Pour Jean les Anglais étaient des « Rossbiffe » et les Américains, il n'y en avait pas beaucoup à Tours et encore moins à l'EDF de Chinon. De toute façon il disait qu'il ne mettrait jamais les pieds aux États-Unis. En ce sens, il ressemblait à Alain Cuny pour qui, lui aussi, la guerre de Cent Ans semblait dater d'hier... Robert aborderait-il ce sujet lorsqu'il écrirait à son beau-frère ? Peut-être ben qu'oui... Peut-être ben qu'non... De toute façon il faudrait bien évaluer tout ça. À quoi ça servirait de dire à Jean qu'il lui faisait penser à Monsieur Alain ? Robert se disait qu'il verrait. Pour l'instant il importait davantage de continuer l'inventaire. Par exemple, pourquoi les Canadiens avaient-ils été perçus comme des mercenaires par les techniciens belges et tunisiens ? Les producteurs, voulant s'assurer qu'ils en obtenaient pour leur argent de ces Canadiens grassement payés, les faisaient presque toujours travailler sept jours par semaine. Le calcul avait été assez simple à faire : Robert, en tant qu'assistant, gagnait 250 dollars par jour, sept jours par semaine ; travaille, travaille pas. Il en était de même pour les autres Canadiens qui avaient tous obtenu d'être payés 7 jours sur 7. Mais il en allait tout autrement pour les Belges. Michel Marteens, par exemple, ne gagnait que 100.00 dollars par jour de travail. Quant à l'assistant tunisien que Robert avait remplacé, il se faisait dans les 140.00 dollars par semaine. Aussi, Donald, Roger (le grip canadien) et Robert passaient-ils régulièrement la sixième et la septième journée de la semaine avec Pausé à faire des plans en équipe réduite ; ce qui avait pour effet de creuser encore davantage le fossé entre les Canadiens et les autres. Cette situation avait agacé Robert qui n'avait pas l'habitude de se mettre les techniciens du pays à dos. Il se souvenait qu'en Turquie il avait été le seul (avec Alfred : le *soundman* antillais à l'accent cockney) à être accepté par les techniciens autochtones, alors que les CA (Canadiens anglais) de la production torontoise avaient bien failli se ramasser avec une mutinerie sur les bras. Et là, en Tunisie, il faisait partie des gros méchants... Fallait dire que les chefs (belges, canadiens et tunisiens) passaient le plus clair de leur temps à se disputer le contrôle plutôt que d'essayer d'adopter une ligne commune. Aussi, les techniciens se regardaient-ils en chiens de faïence et les Canadiens demeuraient l'ennemi contre lequel il fallait faire front commun. Pour les techniciens belges et tunisiens, le cinéma ce n'était pas une business. Les Belges y voyaient une sorte d'activité artisanale avec laquelle il ne fallait pas espérer s'enrichir, le cinéma se faisant entre copains. Tous étaient allés à l'INSAS (ou dans une autre école dont le pays était très généreusement doté) et chacun, s'il le voulait, pouvait être réalisateur. Quand on avait un projet on le proposait à l'office de... ou au machin truc des... (où les responsables avaient souvent été dans la même classe que vous) et vous deveniez réalisateur si votre projet était accepté. Comme quoi la deuxième assistante à la réalisation était retournée à Bruxelles, quelques jours avant la fin du tournage en Tunisie, parce qu'elle devait commencer un court métrage comme réalisatrice. C'était d'une certaine manière, comme au Québec, vingt ans plus tôt, dans un certain milieu du jeune cinéma d'auteur ; mais en Belgique, à peu près tous les techniciens étaient passés par une école de cinéma, ce qui était loin d'être le cas au Québec, à cette époque-là. Quant aux Tunisiens, ils étaient presque tous des salariés de la RTT, la société d'État qui ne paye pas bien cher mais où, dit-on, on ne travaille pas très fort. Les techniciens de la RTT n'avaient pas eu à accepter ou à refuser de travailler sur *La Fleur du désert* : on avait choisi les meilleurs et leurs salaires seraient majorés de dix pour cent. D'après Riad (le deuxième assistant dont Robert avait finalement hérité), on le faisait travailler trois fois plus qu'à la télé. Il disait qu'en général il arrivait à la RTT vers 9 h 45, après l'heure de pointe, et il travaillait trois ou quatre heures dans sa journée. Et maintenant, on lui faisait faire des journées de douze heures sans compter le transport (jusqu'à trois heures par jour pour l'aller-retour entre Tozeur et Chott el Gharsa), pendant le ramadan, ce qui l'obligeait à toutes sortes d'arrangements avec Allah à qui il devait promettre de jeûner plus tard dans l'année, en échange des jours où il trouvait ça trop dur de s'abstenir de boire et manger. En outre, les dix pour cent qu'on avait promis aux Tunisiens pour travailler sur *La Fleur du désert*, ils les avaient attendus pendant tout le tournage et ils les attendaient probablement encore... Ainsi donc les Belges et les Tunisiens n'étaient pas du tout sur la même longueur d'onde que les Canadiens qu'ils trouvaient bien zélés et bien fatigants à toujours vouloir aller vite du début jusqu'à la fin de la journée. Les CF (Canadiens français) se ramassaient dans le rôle des vilains mercenaires qui ne pensaient qu'à l'argent, eux qui avaient pourtant l'habitude de se faire traiter, quelque peu péjorativement, de « latins » (un peu bordéliques et pas très business) par les CA et les Américains. Comme quoi, se disait Robert, tout dépend de ceux à qui on se compare et à qui on est comparé. Pour Robert la Tunisie avait été, à plusieurs égards, le contraire du tournage au Proche-Orient. À l'opposition mauvaises relations avec les Belges et les Tunisiens/bonnes relations avec les Turcs, les Jordaniens, etc... il pouvait ajouter : fiction avec des moyens de documentaire/documentaire avec des moyens de fiction, scénario faible/projet intéressant, organisation déficiente/organisation efficace, conditions difficiles/conditions de luxe, changement de réalisateur pour le mieux/changement de réalisateur pour le pire. La seule chose que les deux tournages avaient en commun (outre le fait que ça se passait dans le désert la plupart du temps et qu'il y avait beaucoup de chameaux) c'était le produit final : dans les deux cas c'était nul. Mais *La Fleur du désert* l'était un peu moins. Les deux tournages avaient été aussi très différents quant aux loisirs. Autant avec TVT Robert avait eu la possibilité de jouer au touriste (plus particulièrement à Istanbul... où l'on retrouve, presque côte à côte, Sainte-Sophie, Topkapi et le Musée d'Archéologie), autant il n'avait rien vu en Tunisie, sauf les lieux de tournage puisqu'il n'avait rien fait d'autre que travailler. De fait le seul truc qu'il avait pu voir dans ce pays, qui a pourtant la réputation d'être riche en vestiges de l'Antiquité, c'était le musée de la médina de Sousse où il avait passé quelques heures pour tourner une scène du film. Robert se rappelait vaguement la gorgone, sur le pavement de mosaïque, à l'entrée du musée. Mais il avait eu beau relire la description du Triomphe de Bacchus dans le Guide Bleu (une couronne de laurier et trois étoiles), il ne se rappelait que très vaguement cette murale. Ce qui lui revenait surtout c'était qu'on avait fait une vingtaine de prises[36] du même plan. Cette fois-là, comme à plusieurs reprises depuis le début du tournage, il lui aurait fallu un contrôle de zoom à distance mais il n'en avait pas... Ainsi, la Tunisie... Robert l'avait visitée dans son Guide Bleu, le soir après le travail. Il y avait appris, par exemple, que les plus beaux tapis viennent de Kairouan, la ville sainte, traversée endormi dans la vieille Peugeot qui les avait conduits, lui, Donald et Roger, de Tozeur à Sousse. Quant à Tunis, Robert n'en n'avait vu que l'aéroport à l'arrivée du Canada (en attendant le vol pour Djerba) et il en avait vaguement aperçu la banlieue, encore une fois à partir de la même vieille Peugeot du même chauffeur de Tozeur qui l'avait conduit de Sousse à l'aéroport, très tôt le matin, après la dernière nuit de travail en Tunisie qui s'était terminée avec le lever du soleil et après que le dernier pied de film disponible eût été exposé dans la caméra. Les guerres Puniques, Scipion l'Africain, Émilien, Hannibal, les éléphants, Caton l'Ancien... « *Ceterum, censeo Carthaginem esse delendam* »... Gerry, le prof de latin qui portait des beaux ti-bas de toutes sortes de couleurs tricotés par sa femme. Tunis et Carthage, ce serait pour une autre fois, peut-être. En attendant il restait le bon vieux Guide Bleu : « *Tunis*, p.111. V. aussi Carthage, Ez Zahra, Gammarth, Hammam Lif, La Goulette, La Marsa, Radès, Sidi Bou Saïd. Indicatif téléphonique : 01. ». La Tunisie... la Turquie... la France... Haïti... le Tonga... l'Australie... Mais il y avait aussi tous les tournages à Montréal et dans les environs que Robert pourrait raconter à son beau-frère. Des tournages de commerciaux, en studio, où l'on se tapait des 18-20 heures de travail avec des D.o.P. (Director of Photography) et des réalisateurs qui faisaient 10 000 $ par jour (et qui avaient un tour de tête en conséquence). Et il y avait aussi le documentaire filmé à Montréal, New York et Boston (plus précisément au MIT, à Cambridge) dont au moins un fait divers risquait d'intéresser son « beauf » qui connaissait sûrement le sujet plus que le réalisateur qui avait quand même réussi (si l'on prenait en considération qu'il n'avait aucune formation scientifique pertinente) à faire un bon petit documentaire sur la mémoire, dans le cadre d'une série sur le cerveau pour SPB. De bon matin, Robert, Tom [le caméraman australien bagarreur qui n'aimait toujours pas les vieilles pierres et qui commençait à réaliser son rêve: faire des commerciaux de bière (mais malheureusement pas en quantité suffisante pour ne plus être obligé de faire des documentaires)], David (le *soundman*), Bob (le réalisateur) et des gens de SPB de New York s'étaient rendus dans un édifice du MIT pour y interviewer un spécialiste du cerveau. Ils étaient arrivés un peu en avance et Robert avait commencé les préparatifs de tournage : charger les magasins, changer la date sur la claquette, les rapports de caméra, vérifier les filtres, etc., pendant que les autres discutaient de choses et d'autres et plus particulièrement de la nouvelle blonde de Tom (avec qui il allait éventuellement convoler en justes noces): une barmaid du Hilton où l'équipe logeait depuis quelques jours à Boston. Pendant ce temps, un homme d'une quarantaine d'années s'était présenté à David et à Robert: *« Hello... Pleased to see you. Have'nt we met before?»*. Et, sans attendre la réponse, il était reparti. Robert avait vaguement remarqué que l'individu faisait un peu 1950 avec sa veste de plaid et ses cheveux en brosse, mais sans plus, car il n'était pas encore vraiment sorti des « vapes », le saké ayant coulé à flots la veille, au restaurant japonais. L'homme lui rappelait Fred MacMurray dans *The absent minded professor* (un film de Walt Disney vu quand il avait à peu près dix ans au Bell Theater à Morin-Flats) mais il avait continué son boulot en se disant qu'il aurait été bien mieux au lit avec deux aspirines pour son mal de bloc. Quelques minutes plus tard l'homme à la veste de plaid était revenu et, après avoir pris place dans un fauteuil, il avait demandé à Robert si la fumée l'incommodait. Robert (en bon petit assistant bien dressé qui sait que ça fait partie de son travail de mettre les gens qu'on va interviewer à l'aise) avait répondu que ça ne le dérangeait pas même si ça le dérangeait, surtout avec son mal de tête. L'homme avait sorti un paquet de Chesterfield et allumé une cigarette après en avoir offert une à Robert qui avait poliment refusé. Robert, qui commençait à être intrigué, s'était dit qu'il poussait un peu fort. Décidément les Américains seraient toujours de grands adolescents, même les scientifiques.

Porter une vieille veste des années cinquante, les cheveux en brosse pleins de brillantine et fumer des Chesterfield pour faire plus vrai... Chesterfield n'avait donc pas fait faillite en même temps qu'Edsel... En plus, il portait une cravate retenue par une épingle d'époque et des boutons de manchette assortis. Et les chaussures : des loafers (mocassins pour les Français) avec les sous brillants... Robert s'était pris à observer l'homme qui semblait perdu dans ses pensées, sa cigarette entre ses doigts jaunis. La cendre avait fini par tomber sur sa veste sans qu'il s'en rende compte. Il n'était sorti de sa rêverie que lorsque la cigarette avait commencé à brûler ses doigts. Il s'était alors redressé d'un coup, en repoussant la cendre et il avait éteint le mégot comme s'il lui en voulait. Il avait alors regardé Robert et lui avait dit, en lui tendant la main : « *Hello, have'nt we met before ?* ». Lorsque le vrai scientifique (portant des jeans, des Nikes et un polo à manches courtes) était arrivé, il avait expliqué à l'équipe que Jack (était-ce bien Jack le nom de l'homme que Robert avait pris pour le spécialiste ?) avait eu un accident dans les années 50, au cours d'une partie de basketball. Il avait été projeté contre le poteau du panier et sa tête en avait pris un rude coup. Depuis, Jack(?) vivait dans le passé, avant l'accident. Étudiant assez brillant, il se rappelait très bien tout ce qu'il avait appris avant le choc fatal. Il était cependant incapable d'assimiler quoi que ce soit de nouveau ; il oubliait tout au fur et à mesure car il n'arrivait pas à se concentrer plus de quelques instants. Deux minutes de publicité à la télé et tout ce qu'il avait vu avant n'existait plus. Il lisait, sans hésiter, des textes à haute voix mais il ne se souvenait de rien. Robert avait beau se dire que ça ne devait pas être drôle d'être comme le grand Jack(?), il avait beaucoup de difficulté à garder son sérieux lorsque l'homme s'approchait de lui ou de quelqu'un d'autre et lui demandait, en le regardant intensément à travers ses lunettes à monture d'écaille, comme il l'avait fait au moins une douzaine de fois pendant la matinée : « *Excuse me but have'nt we met before ?* ». Et Robert s'était dit : « C'est pas parce qu'on rit que c'est drôle ». Le lendemain ils avaient filmé une jeune fille de quinze ans qui avait eu comme un gros rhume et qui, depuis, n'arrivait plus à se souvenir de quoi que ce soit ayant précédé cet « incident ». Les Beatles, Les Rolling Stones, Genesis, le chat, les poissons rouges, sa mère, son père et son chum... Rien. Cependant, contrairement à Jack(?), elle arrivait à apprendre les choses qu'on lui enseignait. Robert se disait aussi qu'il y avait des choses à raconter beaucoup plus ordinaires mais qui pourraient quand même intéresser un médecin du travail. Les travailleurs seniors de la Zinco à Valleyfield, par exemple, avaient toujours refusé de porter des masques et n'avaient plus de dents. À la Zinco on travaillait toute une vie pour des salaires sans doute alléchants et on pouvait y perdre probablement bien d'autres choses encore que ses dents à en juger par les jeans de Robert, troués au bout de cinq jours de travail, comme si on les avait brûlés des centaines de fois avec une cigarette. Chaque soir, il fallait à Robert une bonne demi-heure sous la douche avant que l'eau qui lui coulait sur le visage n'ait plus un goût acide. Une semaine de tournage à la Zinco c'était pas évident ; alors 25 ans... Et ça ne devait pas être plus drôle pour les mineurs des Mines Noranco à Rouyn-Noranda. « *Se menm bagay qui appartenait au menm gwo nèg* » comme on dirait en Haïti. La Noranco Mines avait son siège social dans le Commerce Court « *in downtown Toronto. Yes, sir* ». Il y avait un gros département d'audio-visuel sous la direction de Fred Leduc, un bon « *Canadian* » avec un nom bien de chez nous qui refaisait, chaque soir, à l'heure de l'apéro, son imitation d'un CF qui parlait anglais avec un accent plus que prononcé. Peut-être que le pauvre gars avait un dentier dans la gueule parce qu'il avait travaillé trop longtemps à la ZINCO ? Qu'est-ce qu'on ferait pas pour de l'argent, se disait Robert en regardant Fred Leduc (à moitié saoul, comme tous les jours) ridiculiser ses origines pour le plus grand plaisir des CA. Fred Leduc E RIL INS PIRE RAT SION TOUT CANADIANZ... Robert se disait aussi qu'il expliquerait peut-être à son beau-frère en quoi pouvait éventuellement consister le travail d'un assistant ou, plus précisément, ce que certains caméramen pouvaient imaginer être le travail de LEUR assistant. Ainsi l'une des tâches de Robert, quand il travaillait avec Tom (plus particulièrement lorsqu'ils étaient à l'extérieur de Montréal, à l'époque où ils avaient l'habitude de fermer les bars, le chef ayant le droit de les fermer un peu plus tard... comme il l'avait fait comprendre à son larbin dès les premières jobs), consistait à aller réveiller son caméraman le lendemain matin et à s'assurer qu'il ne se rendorme pas pour cuver son vin. En outre, Robert avait eu l'idée d'acheter une bouteille de collyre bleu, un vieux truc appris d'une maquilleuse qui s'y connaissait en matins difficiles. Il avait gardé la bouteille bien précieusement, en attendant une occasion où l'emploi du produit serait apprécié à sa juste valeur. Un matin, à Rouyn-Noranda, alors qu'il soupçonnait Tom de ne pas avoir beaucoup dormi (Tom avait fermé le piano-bar avec la fille du propriétaire de l'hôtel encore plus saoule que lui quand elle l'avait suivi à sa chambre), Robert avait refilé le collyre à Tom dont les yeux semblaient injectés de jus de tomate. Ses yeux avaient retrouvé leur couleur naturelle : bleu délavé à l'eau de javel, avec du blanc-tirant-sur-le-jaune autour et un petit point noir au centre. Tom, qui n'avait pas fait beaucoup de films de fiction à cette époque, avait été très impressionné par l'efficacité de ce nouveau traitement. À partir de ce jour il avait appris à ne jamais partir sans collyre bleu. Il y avait aussi le genre José Proxiner que certains avaient surnommé « le Pirate », à cause de sa face ronde décorée d'une petite moustache, comme dans les bandes dessinées pour les tout jeunes enfants. Tout ce qui lui manquait c'était la patch noire sur l'œil, le bandeau et la petite épée. Mais on l'appelait aussi « le Pirate » pour une autre raison que Robert devait découvrir lui-même. José, qui n'avait jamais travaillé avec Robert auparavant, lui avait téléphoné et lui avait proposé un tournage au Club Mêde, si par hasard il n'avait pas autre chose de plus payant pour la semaine qui suivait. En effet, il avait été approché par... Tout à coup, l'accent espagnol de José devenu très prononcé rendait pour ainsi dire ses paroles incompréhensibles. Robert avait fait répéter José à deux reprises mais sans grand succès. Il avait vaguement compris que c'était un truc que José acceptait de faire à peu près gratuitement. Des vacances au soleil pendant lesquelles on tournerait quelques images. Robert connaissait la chanson pour avoir été arnaqué plus d'une fois à ses débuts : « On peut pas payer ben cher... Mais ça va être des vraies vacances. On va faire une couple de plans sa beach... Et pis hop ! À nous la playa. Avec la caméra... les filles y va y en avoir comme ça ! Stie prépare toé à t'faire violer, bonhomme. Ça va être écœurant ». José était aussi devenu très espagnol quand il avait mentionné quelque chose à propos de ATV. Robert avait cru comprendre que c'était un truc qui passerait au canal 12. Il avait dit à Robert que même si lui travaillait pour ainsi dire gratuitement, il pourrait peut-être obtenir un p'tit quelque chose pour l'assistant. Robert n'avait effectivement rien à faire dans la semaine qui suivait, mais il avait expliqué à Proxiner que, pour le principe, il ne pouvait accepter moins de six cents dollars pour les cinq jours. José avait rappelé Robert, il ne pouvait faire mieux que 350.

Robert avait refusé et José, quelques heures plus tard, était revenu à la charge en disant qu'il avait réussi à obtenir 500 mais que ça incluait les tests de caméra. Robert avait finalement cédé mais à la condition de ne pas faire de tests sur film. Il avait donc accepté de travailler pour deux fois moins cher que d'habitude en se disant qu'en plein mois de novembre, ça serait quand même agréable de prendre un peu de soleil. De plus, c'était dans un Club Mêde et Robert était curieux de voir à quoi ça pouvait bien ressembler, même s'il s'était toujours dit qu'il ne payerait jamais pour le savoir. En outre, c'était un truc complètement en dehors de son circuit habituel, alors ça ne risquait pas de se savoir qu'il travaillait à cent piastres par jour. Et c'était ainsi qu'il était parti vers le soleil des Bahamas, avec José et les autres, après s'être rencontrés devant le comptoir de Delta, à Dorval. Proxiner, qui avait théoriquement tout arrangé, n'avait absolument rien fait et les douaniers américains, pas contents du tout, avaient bien pris leur temps pour inspecter le matériel et établir les « *Customs forms* » appropriés. De plus, José n'avait pas, semblait-t-il, bien compris une subtilité concernant l'assurance de l'équipement. Il croyait bien pourtant pouvoir assurer l'équipement à Dorval, avant le vol... Robert avait trouvé ça un peu bizarre car il n'y avait aucun doute dans son esprit que pour l'équipement de cinéma (dont la valeur est toujours d'au moins cent mille dollars) il fallait faire affaire (moyennant des frais assez onéreux) avec une compagnie spécialisée à qui on devait préciser tous les numéros de série ainsi que la valeur de chaque pièce, au moins 48 heures avant le départ. Pendant le vol, Robert avait parlé avec la maquilleuse qui lui avait appris qu'elle était une permanente à ATV et il avait commencé à comprendre. C'était un tournage tout à fait normal, pas du tout un truc pour le Club Mêde, mais une affaire pour la télé où on pouvait gagner des maillots de bain, des lunettes de soleil et un voyage au Club. En parlant avec le réalisateur (qui avait été tout à fait outré quand Robert lui avait raconté sa conversation avec Proxiner), ce dernier lui avait expliqué que le tournage se faisait en 35mm parce que le Club Mêde autorisait ATV à piger dans le matériel qui n'avait pas été utilisé pour leur campagne de publicité faite sur film. Et en continuant à parler avec le réalisateur, Robert avait découvert que Proxiner avait mis sur le devis qu'il payait l'assistant caméraman 250.00 dollars par jour. Et, en explorant un peu plus, il avait appris que « le Pirate » s'était vanté d'avoir réussi à obtenir du loueur qu'il ne facture que quatre jours par semaine. Robert avait alors expliqué au réalisateur (qui n'était visiblement pas au courant des prix, puisque depuis l'arrivée des caméras Betacam, on ne travaille presque jamais en film à la télé) que tous les loueurs offraient leur équipement à trois jours par semaine. Tout le petit numéro de Proxiner à Dorval commençait à s'éclairer. Il avait signé un contrat avec ATV et il s'occupait de tout, moyennant un prix forfaitaire. Il n'avait donc pas pris de courtier en douanes (ça simplifie tout mais ça coûte cher). De même, il n'avait pas assuré l'équipement, préférant le risque à sortir des sous de ses poches. Robert commençait à être en beau tabarnak et le tournage n'était pas commencé. Proxiner méritait bien son sobriquet et il en venait bien d'autres à l'esprit de Robert... Comme « l'ostie de chien sale », ou « le câlice de tabarnak », ou « le sacrament de bandit », ou bien « le gros câlice de puant ». Robert avait donné libre cours à son imagination en se disant qu'il valait mieux se défouler tout de suite, car il trouvait le réalisateur à peu près sympathique et lui aussi victime du « Pirate ». Il s'était donc dit qu'il essayerait de ne pas trop faire de vagues durant le tournage, d'autant plus que le réalisateur l'assurait que tout ça n'en resterait pas là. Il s'était contenté de s'en tenir strictement à son travail, refusant d'aller chercher le « bob » que « Monsieur » Proxiner avait oublié à la salle à manger, ou ses verres fumés qu'il avait laissés traîner sur un transat, ou bien le daiquiri de « Monsieur », resté de l'autre côté de la piscine, quand il avait filmé le plan précédent. Proxiner avait essuyé les refus en faisant semblant de rigoler (les assistants étant plutôt rares à Eleuthéra) ; mais cela ne l'avait pas pour autant démonté et il avait continué à demander à Robert divers services que ce dernier avait systématiquement refusé de lui rendre, quand il ne jugeait pas que ça faisait strictement partie de sa tâche. Ainsi, pendant le tournage (qui n'avait rien du petit truc cool que « le Pirate » avait décrit avant le départ), Robert et José avait eu de fréquentes discussions, au cours desquelles ils se renvoyaient la balle avec une politesse qui n'avait trompé personne. José avait découvert que c'est très énervant de régulièrement se faire dire par l'assistant que tel ou tel caméraman (plus connu, évidemment) n'utilise jamais tel filtre ou tel objectif ; et pourtant qu'il fait d'excellentes images... Mais José c'était un tenace. Revenu à Montréal, Robert avait eu beau se plaindre à toutes les instances de ATV, « le Pirate », qui n'avait jamais rien signé, avait accepté de rajouter deux cents dollars, en tout et pour tout à son salaire, en calculant que le tournage avait été prolongé d'une journée de plus parce qu'ils avaient manqué l'avion à Miami, à cause d'une erreur de Bahama Air Lines et de l'engorgement aux douanes américaines. Robert, qui était furieux d'avoir été possédé par Proxiner (et aussi à cause du manque de sérieux du réalisateur qui n'avait pas reconfirmé l'heure à laquelle on devait venir les chercher à Eleuthera, en Cesna, de Miami ; ce qui normalement aurait dû permettre au groupe d'attraper le vol Delta de fin d'après-midi sur lequel ils avaient des places réservées) s'était défoulé en faisant tout le contraire de ce qu'un pigiste raisonnable sait qu'il doit faire avec les douaniers, surtout américains. Il s'était mis à crier « qu'il allait manquer son avion à cause des Américains dont il ne voulait d'ailleurs rien savoir. Et que s'il était à Miami, c'était seulement parce qu'il n'y avait pas de vols directs jusqu'à Montréal. Et il se demandait bien pour qui ils se prenaient les Américains pour ne pas avoir une zone internationale de transit, qui permet d'éviter les formalités douanières inutiles ». Il en avait encore rajouté en disant que « ça prenait bien des Américains pour penser que leur sol était si précieux qu'il fallait demander à toute personne qui le foulait de s'identifier et de dire ce qu'elle y faisait, alors même qu'il était clair que la plupart des gens se retrouvaient là sans l'avoir voulu ». À la grande surprise de tous les membres de l'équipe (qui avaient essayé de calmer, en vain, l'assistant caméraman fou-furieux, pour qu'il ne les fasse pas tous foutre en prison) les douaniers n'avaient pas passé les menottes à Robert et il était sorti avec ses quinze caisses sans qu'on vérifie quoi que ce soit. Malgré cela, ils avaient quand même manqué l'avion et ils avaient couché à Miami, après une vaine attente de deux heures pendant que le réalisateur-producteur essayait, sans succès, d'obtenir un dédommagement pour l'hôtel de la part de Bahama Air Lines. Robert en avait de toutes sortes à raconter à propos des caméramen qui traitaient leurs assistants comme des larbins. Ce n'était pas la totalité mais il y en avait plusieurs. Des Christian Leguay... qui vous demandait, à la fin de la journée, de lui téléphoner pour le réveiller le lendemain matin. Robert ne se considérait pas comme un service téléphonique pour caméramen fêtards. Ou encore, la fois où... après quarante-huit heures sans sommeil (ayant travaillé sur diverses productions consécutives qui s'étaient toutes malencontrueusement prolongées indûment), Robert avait fait un autre douze heures, dans une fonderie, avec Jérôme Bertolino qui n'avait pas travaillé depuis à peu près un mois. À la fin de la journée, Jérôme, qui avait une aventure avec la scripte, avait poliment refusé de conduire la station wagon pour revenir à Montréal. Robert s'était donc retrouvé au volant d'un véhicule loué, encore chaussé de pneus d'été passablement usés, en pleine tempête de neige, la nuit, avec deux heures de route devant lui. Il se rappelait s'être endormi à peu près trois quatre cents fois (pendant quelques secondes), entre deux mini dérapages, avec le réalisateur qui ronflait à ses côtés et Jérôme qui faisait des guili-guili avec la scripte sur la banquette arrière. Des caméramen, il y en avait de toutes les sortes ; Jérôme n'était pas méprisant mais il devenait complètement irresponsable et inconséquent quand il s'agissait de cul. Robert se disait qu'il établirait une sorte de comptabilité de tout ce qu'il pourrait se rappeler. Le coup de Jérôme était un bel exemple, mais non le seul, d'abus de pouvoir qui augmentait assez sérieusement les risques d'accidents pour un assistant. Tom, dans le genre, en avait lui aussi fait voir des pas pires à Robert ; comme toutes les fois où il avait prolongé et copieusement arrosé des repas au Windsor Arms à Toronto, pour ensuite remettre les clefs à son fidèle assistant afin qu'il conduise la jeep jusqu'à Montréal, la nuit, pour ne pas manquer le tournage du lendemain, alors que, lui, se mettait à ronfler aussitôt calé dans son siège. Six heures de conduite sur la Transcanadienne... ça peut être encore plus endormant qu'à l'accoutumée, surtout la nuit, après une journée de travail, quand l'effet du café et du calvados commence à s'évaporer. C'était peut-être de ça et d'autres choses encore dont Robert entendait parler à Jean... Il ferait un tri dans tout ça... bien assis devant le vieil Apple 512 familial, qu'il n'utilisait jamais, sauf pour faire ses factures ou pour mettre son C.V. à jour.

Ça donnerait ce que ça donnerait et il mettrait tout ça dans une grande enveloppe qu'il enverrait à Jean. Dès le début il dirait à son beau-frère le pourquoi de cet envoi. Jean saurait sûrement apprécier l'urgence de la mission que Robert s'était vu imposer par sa femme, connaissant la propension de sa sœur à tenir ses promesses. Christine avait proféré la menace de divorce et Jean ne prenait pas ces choses-là à la légère. Lui et Marie-Thérèse, sa femme, avaient connu des moments difficiles mais il n'avait jamais été question de séparation. Robert avait confiance ; il pouvait y aller : Jean saurait lire entre les lignes. L'important c'était de lui écrire. Il ne pourrait qu'être gagnant. Jean n'utiliserait pas la lettre de Robert pour le ridiculiser. Il lui réponderait peut-être même... Il restait à Robert à savoir ce qu'il allait lui dire. Il y avait des choses qu'il ne dirait pas et d'autres... Il retravaillerait son texte jusqu'à ce qu'il en soit satisfait. Déjà pour le style, il avait une idée : il présenterait peut-être les choses un peu à la manière du Guide bleu ; mais en vrac... Il en avait toujours aimé le côté :

> *Le travail du corail est saisonnier*; pendant la période de pêche, de septembre à avril, il peut occuper jusqu'à 500 personnes (pêcheurs, fabricants de bijoux, propriétaires et employés des 4 boutiques spécialisées); la récolte, qui se fait à une profondeur de 40 à 150 m, est assurée par des scaphandriers (il n'en reste que 2) et surtout au moyen de petits filets accrochés à une croix de Saint-André que l'on traîne contre les rochers, les morceaux de corail se prenant alors dans les mailles; le procédé, en usage depuis le XIIe s., entraîne une certaine casse et quelques pertes mais reste actuellement utilisable à grande profondeur».

L'écriture comme exercice mental. L'écriture qui ne coûte pas cher. L'écriture qui fait un pied de nez au cinéma avec ses histoires de fric et ses power trips... Hollywood en plywood : Non, merci. Ou du moins, pas plus qu'il n'en faut pour gagner sa vie. Au revoir et merci.

Dring... Dring...

— Oui, allô...125 jours sur *La misère des riches*...

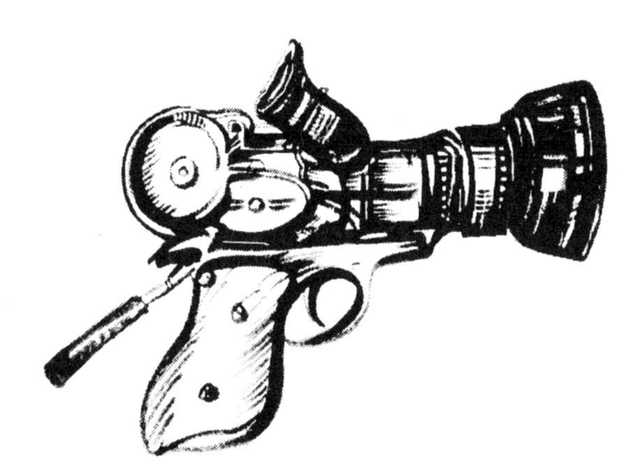

LE GLOSSAIRE À ROBERT

Q : usuel au Québec
F : " en France
É-U : " aux États-Unis
A : " en Angleterre

Les mots soulignés renvoient à une entrée du glossaire.

Les mots en italique sont en anglais; mais tous les mots en anglais ne sont pas en italique.

Abri fiscal (23), *Tax shelter* *Q É-U A*. Quoique cette forme de stimulation économique ne soit pas spécifique au cinéma, on peut affirmer que grâce à elle, à l'époque où les abris fiscaux étaient particulièrement avantageux (avant 1987-88), il s'est tourné des films au Québec et au Canada qui n'auraient jamais vu le jour autrement. Alors, des courtiers en bourse vendaient, sans problème, à des adultes consentants, des actions de 10 000$ ou 15 000$, sur simple lecture d'un synopsis de quelques pages. Note : pendant cette période quelque peu surréaliste, on a tourné, par exemple, un film où les rats envahissaient une ville; et pour certaines séquences il avait été décidé de déguiser des chihuahuas femelles en rats (car les mâles levaient trop souvent la patte pour pisser...) . C'était la grande époque des films qui restaient sur les tablettes.

Accessoiriste (19), Technicien chargé de fournir et de préparer les accessoires de décor, et éventuellement de les entreposer (Dictionnaire du Cinéma Larousse) ; *props* *Q É-U A*. Note : quoique cela ne soit pas essentiel, il peut s'avérer pratique, pour un accessoiriste travaillant au Québec, de comprendre l'anglais, surtout lorsque le réalisateur ne parle pas le français. Ex. : la fois où... l'accessoiriste avait quitté le plateau en catastrophe et était revenu une demi-heure plus tard, hors d'haleine, en haut du Mont-Royal, tout fier de lui-même, en traînant un cheval par la bride, alors qu'on lui avait demandé une pelle... *Shovel* (pelle)-cheval...

Acteur (33), Personne dont le travail consiste à se prendre pour quelqu'un d'autre. Ainsi plus un acteur démontrera d'aptitude à se prendre pour quelqu'un d'autre, plus il sera en demande et plus il pourra exiger d'être payé cher pour ce don qu'il a de se prendre pour quelqu'un d'autre. En ce sens on peut dire que les acteurs sont comme les saucisses Hygrade : « Plus de gens en mangent parce qu'elles sont plus fraîches... et elles sont plus fraîches parce que plus de gens en mangent... ». Note : il faut cependant noter qu'au Québec (où la population est pourtant réputée aimer les hot-dogs...) l'offre dépasse la demande et plusieurs saucisses, souvent plus ou moins fraîches, pourrissent dans l'ombre.

Assistant caméraman (10), Technicien préposé à la caméra pour en assurer son bon fonctionnement lors du tournage (assistant opérateur *F*-Dictionnaire du Cinéma Larousse). Le 1er assistant caméraman (pointeur *Q F*, *focus puller* *Q É-U A*) est responsable de l'équipement caméra et il fait le foyer (point *Q F*, focus *Q F É-U A*) pour assurer la netteté de l'image. Le 2ème assistant [*loader* *Q É-U A*, « femme de ménage » (fam.)*Q*] est responsable de la manipulation de la pellicule [charger et décharger les magasins (mettre et enlever la pellicule dans les magasins), dans le noir, dans une petite pièce conçue à cet effet (chambre noire) ou dans un sac noir *Q* (chambre noire portative : *changing bag* *Q F É-U A*)]. Note : lorsqu'on demande au 2ème ce qu'il fait dans le noir, il arrive qu'il réponde qu'il est en train de lire un livre pornographique en braille (ce genre de réponse est beaucoup plus rare lorsque c'est une femme qui occupe ce poste).

Assistant à la production (26), Technicien non spécialisé qui commence avant tout le monde et qui finit après tout le reste de l'équipe (P.A. *production assistant* *É-U A*). C'est en général par là que l'on commence à faire du cinéma, lorsqu'on n'a pas de « *pushing* »... Le travail de l'assistant à la production consiste à faire ce qu'on lui dit de faire ; il aide un peu dans tous les départements, surtout en faisant les menus travaux que les techniciens spécialisés sont payés trop cher pour faire... C'est, entre autres, en accomplissant ces tâches « inférieures » que l'assistant à la production essaie de se faire remarquer par les membres du département où il aspire travailler. Note : On reconnaît un assistant à la production qui flaire la possibilité d'être intégré dans un département, à ce qu'il cherchera à montrer, par tous les moyens, sans craindre le ridicule (voir « *brown nosing* »), qu'il est digne de la confiance que les honorables membres du département en question semblent vouloir lui accorder.

Assistant réalisateur (8), Technicien chargé de la préparation matérielle du tournage (Dictionnaire du Cinéma Larousse) [A.D.

(*assistant director*) *É-U A*]. Lors du tournage, il s'assure que tout se fait dans l'ordre afin que le réalisateur puisse se concentrer sur son travail de création. Sur les productions américaines l'A.D. vient en général de Toronto et il est habituellement aussi aimable qu'une porte de prison!; en outre il croit généralement que les autres techniciens (le réalisateur inclusivement) sont de mèche pour empêcher le tournage de se dérouler comme il l'a prévu sur son MacIntosh, pendant la préproduction « *Does anybody else have any good reasons to stop us from shooting this turkey* ? ». Note : Il arrive parfois que l'on se venge d'un assistant à la réalisation qui est particulièrement désagréable. Ainsi la plupart des techniciens du cinéma montréalais ont entendu parler de la fois où... un certain A.D a passé une bonne partie de la journée à regarder les semelles de ses souliers avant de comprendre que quelqu'un avait dissimulé de la merde de chien dans son mégaphone.

« *Brown nosing* » (12), Léchage de cul *Q*. Tout comme les Tax *Shelter* (voir abri fiscal), le « *brown nosing* » *Q É-U A* n'est pas spécifique au cinéma ; mais de la même manière que l'on peut affirmer, qu'à une certaine époque, sans les *Tax Shelters*, il ne se serait produit que peu de films au Québec et au Canada, on peut dire qu'un technicien (pigiste) qui refuserait de faire du « *brown nosing* » ne travaillerait que très peu. Note : il est remarquable de constater qu'en général, les chefs de département accordent autant d'importance (sinon plus...) à l'aptitude au « *brown nosing* » qu'à la compétence professionnelle des « nouveaux » car on peut apprendre un métier, mais le « *brown nosing* » : « on l'a ou on l'a pas »...

Cadre, Limite de l'espace visuel enregistré sur film (Dictionnaire du Cinéma Larousse) *Frame* *Q É-U A*. En regardant dans le viseur de la caméra, le cadreur voit les limites de l'image qui sont marquées sur un verre dépoli. En Amérique le rapport horizontal/vertical est de 1.85/1 alors qu'en Europe on préfère le rapport 1.66/1 (un rectangle un peu plus carré). Ces marques correspondent à la fenêtre d'exposition où l'image se forme sur le film. Après chaque bonne prise il est de pratique courante de vérifier s'il ne s'est pas accumulé de saletés dans la fenêtre d'exposition (« vérifier le poil » *Q F*). Aux États-Unis, en Angleterre et au Québec on dit « *Check the gate* » ; ce qui aurait amené un technicien français (plus préoccupé par son salaire que par son travail), alors qu'il était embauché sur une production américaine, à imaginer l'anagramme phonétique : « guette-le-chèque ». Note : puisque le cinéma de fiction est avant tout « l'Art de l'illusion », il est assez fréquent d'entendre sur les plateaux : « Un film c'est autant ce que l'on cadre que ce que l'on ne cadre pas... ».

Cadreur (3), Technicien responsable du maniement de la caméra pendant la prise de vue (Dictionnaire du Cinéma Larousse). Au Québec on dit aussi, dans le milieu, « chauffeur de Kodak ». Note : les anglophones disent de façon quelque peu dérisoire que le travail du cadreur (qui est souvent assis pour travailler) consiste à panoramiquer horizontalement, panoramiquer verticalement et facturer (« *Pan, tilt, and invoice* »). V. **Cadre.**

Caméra (2), En cinéma et en vidéo, appareil de prise de vue (Lexique du Dictionnaire du Cinéma Larousse ; voir le mot caméra dans ce dictionnaire pour plus de détails). Autres noms pour désigner l'appareil : Kodak *Q*, Box Browny *A*, Turkey *É-U* (dans l'expression « *Stuff the Turkey* » pour dire recharger la caméra), « bécane ».*F* .

Caméra à l'épaule (27), En documentaire, ou lorsqu'on veut une caméra très mobile et « impliquée » dans l'action, il arrive que le caméraman (ou le cadreur lorsqu'il y en a un) prenne la caméra sur son épaule, ou dans ses mains, pour suivre l'action. Syn. : caméra à la main *Q*, caméra à la mitaine *Q*, caméra portée *F*, *hand-held* *Q É-U A*. L'utilisation de la caméra à l'épaule relève toujours un peu de l'exploit physique et c'est souvent l'occasion pour le cadreur ou le caméraman de se mettre en valeur (dextérité, force, stabilité, « sensibilité », etc.). Note : En général les caméramen et les cadreurs aiment qu'on les félicite pour leur travail à l'épaule...

Caméraman (1), Mot anglais fam. pour désigner un technicien de l'équipe de prise de vue. En français, syn. littéraire de cadreur (Dictionnaire du Cinéma Larousse). C'est un mot que l'Académie française et l'Office de la Langue française du Québec cherchent à faire disparaître... Pour quelle raison ? Il est difficile de le savoir, d'autant plus que le Dictionnaire du Cinéma Larousse est rempli de mots anglais qui sont régulièrement utilisés en France et sur lesquels on ne s'acharne pas avec la même insistance : *key light*, *back-light*, *clap*, *fish-eye*, filtres *low-contrast*, *fog filters*, *focus*, *flying spot*, *flood light*, *off*, *play-back*, *flash*, *flashage*, *rushes*, *spot*, *spotter*, *stock shot*, *travelling*. Quoiqu'il en soit, caméraman (avec accent au Québec et sans accent en France) a donc été « remplacé, officiellement », par cadreur. Mais concrètement, au Québec, lorsque le même technicien fait le cadre (opère la caméra) et s'occupe de la direction-photo (est responsable de l'esthétique photographique), on dit habituellement le caméraman. Note : dans le bottin du STCVQ (syndicat) les caméramen (ainsi identifiés) gagnent plus cher que les cadreurs (ainsi identifiés).

Cascadeur (35), Personne spécialisée dans l'exécution des cascades [actions dangereuses ou nécessitant une performance physique

(Dictionnaire du Cinéma Larousse). Note : selon les pays, les traditions et les budgets, on retrouvera des cascadeurs qui se « lancent dans l'action » avec plus ou moins de préparation. À l'époque des débuts du cinéma commercial québécois (fin 60, début 70), il y avait une famille au complet de cascadeurs qui, moyennant rémunération, faisait à peu près tout ce qu'on lui demandait de faire. Et si ça ne marchait pas du premier coup, il y avait toujours un frère ou une sœur, fraîchement sorti(e) de l'hôpital, qui tentait sa chance à son tour.

Casting (32), (mot anglais pour distribution des rôles). Activité consistant à rechercher des acteurs (en pratique , seconds rôles ou figurants adaptés aux rôles-Dictionnaire du Cinéma Larousse). *Casting couch* : dans une pièce en retrait, divan prévu pour « l'activité » qui consiste à rechercher des seconds rôles qui sont prêts à tout pour faire du cinéma...

« C'est porc frais Bar Salon... », Une façon bien québécoise de dire qu'il ne faut plus toucher à rien : « C'est parfait barre ça là ! ».

Chauffeur de production (24), Comme son titre l'indique, c'est un chauffeur que la production embauche pour faire des courses. En effectuant ses allées et venues le chauffeur de production jouit d'une relative liberté. Note : à l'époque où l'on « sniffait » beaucoup dans le milieu du cinéma, plusieurs chauffeurs de production avaient rapidement compris qu'ils pouvaient arrondir très substantiellement leurs fins de mois en devenant pusher pour l'équipe, sur le temps de la production, avec une auto fournie. À ce qu'on raconte, certains chauffeurs auraient même payé pour qu'on les embauche. Une clientèle fidèle (qui fait du temps triple en masse), entièrement regroupée en un seul endroit... que demander de plus ?

Claquette (30), Instrument formé de deux plaquettes de bois réunies par une charnière et surmonté d'un tableau où sont notées les références de la prise : en faisant claquer les plaquettes devant la caméra, on obtient un repère visuel et sonore pour la synchronisation ultérieure du son et de l'image (Dictionnaire du Cinéma Larousse). En Amérique, ce sont les plaquettes de bois qui surmontent le tableau. Note : les Français disent plutôt clap au lieu de claquette ; ce qui fait bien rigoler les Anglais car si on demande à un British s'il a le clap... cela veut dire que l'on veut savoir s'il a attrapé la blennorragie...).

Craft, Cantine (plus ou moins bien garnie) où un préposé (qui espère en général que c'est la dernière fois qu'il sera obligé de faire ce travail mal payé) fait des beaux sourires à tout le monde en essayant de se faire remarquer par un honorable membre d'un département auquel il voudrait éventuellement être intégré. Note : lorsqu'on cherche un technicien qui a disparu du plateau, il y a de bonnes chances qu'il soit au craft...

Deuxième assistant à la caméra (5), Voir **Assistant caméraman.**

Deuxième équipe (34), Équipe de tournage légère, chargée de filmer les plans qui ne nécessitent pas la présence du réalisateur et de l'équipe complète (Dictionnaire du Cinéma Larousse). *Second unit*, *Q F É-U A*, Seconde équipe *Q F*. Note : lorsqu'une deuxième équipe est utilisée en accord avec cette définition, on dit familièrement qu'elle « filme les poignées de portes ».

Directeur de production (17), Technicien chargé de la gestion de la fabrication d'un film (Dictionnaire du Cinéma Larousse). L'exception confirmant la règle, il faut mentionner que tous les directeurs de production ne sont pas complètement nuls ; mais il est remarquable de constater que très souvent les producteurs considèrent que l'obéissance aveugle et une bonne dose de mépris envers les techniciens valent mieux que la compétence chez un directeur de production. Note : les histoires que l'on raconte chez les techniciens au sujet des gaffes commises par les directeurs de production auraient de quoi remplir de nombreuses soirées au coin du feu...

Directeur-photo (4), *Q F* directeur de la photographie (anciennement chef opérateur). Technicien responsable de la prise de vue (Dictionnaire du Cinéma Larousse). *D.o.P. (Director of Photography)* *Q É-U A* On dit aussi à la blague, chez les anglophones, « *dope* » ; ce qui veut dire crétin... Ou encore « *Director of Pickles* »... Ces choses étant dites, les D.o.P. vedettes peuvent être payés jusqu'à 10,000 $ par jour dans le domaine de la publicité. Note : dire que de tels salaires favorisent l'éclosion d'un complexe de supériorité chez les D.o.P. ainsi rémunérés serait un euphémisme.

D.o.P. (22), Voir **Directeur-photo.**

Foyer, Point, situé à l'arrière de l'objectif, où viennent converger les rayons lumineux issus d'un point situé sur l'axe de l'objectif à une très grande distance de celui-ci (Dictionnaire du Cinéma Larousse). Concrètement, dans la vie de tous les jours, on parle de faire le foyer (faire le point, le focus : régler l'objectif de façon à obtenir une image nette, piquée, « sharp »). Cette tâche revient au premier assistant caméraman. Note : on peut dire qu'un bon premier c'est quelqu'un qui est « sharp », « net » [avec juste un peu de brun sur le bout du nez (voir « *brown nosing* »)]. V. **Profondeur de champ.**

Grips (16), Placés sous la direction du chef machiniste (angl. : head grip), les machinistes assurent la manutention et l'installation du matériel de prise de vue (pied de caméra, installation de travellings, grues). Ils assurent également la manoeuvre des travellings ou des grues (Dictionnaire du Cinéma Larousse). Au Québec on dit aussi bien grip que machiniste et, plus familièrement, « les bœufs de la caméra »... De plus en plus les « *key grips* » (chef machinistes) deviennent des businessmen qui possèdent tout le matériel requis pour exercer leur métier. Et, pour transporter le tout ils achètent un gros camion qu'un « *best boy* » (machiniste qui est l'homme de confiance du chef) entretient avec « amour » pour le plus grand plaisir de son boss... Note : les grips, tout comme les électriciens, aiment bien s'imposer sur les plateaux, autant par le nombre, l'espace qu'ils occupent avec leur matériel et la verdeur de leur langage et de leur humour...

Hors-foyer (11), Voir Foyer.

Ingénieur du son (18), Ancienne dénomination, encore couramment employée, du chef opérateur du son (Dictionnaire du Cinéma Larousse). Note : selon les traditions du pays qui produit le film, du type de tournage et du réalisateur, le travail de l'ingénieur du son (*soundman* *Q É-U A*) prendra plus ou moins d'importance. Ainsi, en Italie, il est habituel d'enregistrer du son témoin (lors du tournage) qui servira de référence lors de la postsynchronisation en auditorium alors qu'au Québec les *soundmen* prévilégient le son direct (ONF, cinéma-vérité...). Il n'est donc pas étonnant que la plupart des *soundmen* québécois n'aiment pas tellement travailler sur des films produits par des Américains car, en général, même s'ils ne sont pas contre le son direct, la plupart des réalisateurs qui viennent des États-Unis ne souffrent pas d'attendre pour le son et on les entend régulièrement crier : « *Fuck it ! Post-synch* it ! ». V. **Perche.**

Magasin (28), Boîte étanche à la lumière, adaptable à la caméra, et contenant soit la bobine débitrice ou la bobine réceptrice, soit les deux (Dictionnaire du Cinéma Larousse). L'assistant caméraman, et plus particulièrement le deuxième assistant lorsqu'il y en a un sur le tournage, est responsable des magasins et de leur contenu. Il doit, dans le noir, les charger avec la bonne sorte de pellicule, voir à leur propreté, à leur bon fonctionnement, etc. Note : il y a des caméramen et des cadreurs farceurs qui aiment bien, à l'occasion, jouer des tours à leur(s) assistant(s) : par exemple, en entrouvrant légèrement le couvercle du côté débiteur d'un magasin co-axial (où le film exposé et le film vierge sont dans des compartiments indépendants) après que toute la pellicule vierge ait été exposée... Quoique ce gag soit usé à la corde, il produit toujours autant d'effet chez les assistants qui savent bien que dans le merveilleux monde des pigistes : « *You're only as good as your last job...* ».

Maison de production, Compagnie qui produit des films. Voici quelques noms de maisons de production de Montréal qui illustrent qu'il y en a vraiment pour tous les goûts : Agent Orange Inc., Ateliers Audio-visuels du Québec, Corporation Image, La Fabrique d'images limitée, Les Films de la Traine Sauvage, Les Investissements Korrine Inc., Jet Films Inc, Les Nouvelles Cinéastes Montréal Inc, Les Productions du Foin Fou, Les Productions Voila, Vent d'est Inc., Zoo Productions...

Objectif (31), Dispositif optique qui forme sur le film l'image de la scène (prise de vue) ou sur l'écran l'image du film (projection) (Lexique du Dictionnaire du Cinéma Larousse). (fam.) « Caillou *Q F* », (fam.) « fond de bouteille de Coke *Q* », pour désigner un objectif de piètre qualité. Note : alors que le caméraman (ou le D.o.P), selon le cas décide des objectifs qu'il veut utiliser pour faire ses images, c'est à l'assistant caméraman de les tester pour s'assurer de leur qualité et c'est aussi ce dernier qui doit veiller à ce que les objectifs demeurent en bonne condition pendant le tournage, tâche qui n'est pas toujours facile lorsqu'on voit comment certains caméramen, cadreurs ou réalisateurs traitent le matériel caméra... À titre d'exemple, un certain réalisateur a déjà manifesté son mécontentement par rapport à un bourrage [Engorgement intempestif du circuit du film dans la caméra (Dictionnaire du Cinéma Larousse), un phénomène qui est en général anodin...] en donnant un coup de poing sur l'objectif, les rendant, celui-ci et la caméra, inutilisables. Note : sur les plateaux de cinéma ce ne sont pas toujours ceux qui sont devant la caméra qui font les plus grosses crises de vedettes...

Œilleton (20), Pièce du viseur près de laquelle on applique l'oeil pour observer l'image formée dans le viseur (Dictionnaire du Cinéma Larousse). *Eye-piece* *Q É-U A*. Note: selon le caméraman ou le cadreur, plus ou moins de membres de l'équipe seront autorisés à utiliser l'oeilleton, à part le réalisateur et le directeur-photo (lorsqu'il y en a un). Certains opérateurs de caméra, très arbitrairement, autorisent ou refusent à certaines personnes le droit de regarder dans la caméra. Ainsi, le caméraman qui a décidé de draguer la costumière l'invitera à jeter un coup d'oeil dans la caméra pour vérifier un détail concernant un vêtement, alors qu'il interdira peut-être au deuxième assistant réalisateur (qui est gay et qui a un copain haïtien...) de voir le cadre pour y placer les figurants, prétextant, par exemple, que ce dernier semble avoir quelque chose à l'œil, possiblement quelque chose de contagieux...

Perche, Tube télescopique permettant d'amener le microphone hors du champ de la caméra, à proximité de la source sonore (Dictionnaire du Cinéma Larousse). Boom *Q É-U A*. Note : Il est quelquefois tentant pour un cadreur de dire que le micro est entré dans le champ de la caméra plutôt que d'avouer qu'il s'est planté ; ex : un perchiste sceptique quant aux allégations d'un cadreur qui avait déclaré que le micro était entré dans le cadre pendant deux prises successives, avait, après consultation avec l'ingénieur du son, repris sa place pour une autre prise. Le cadreur avait encore une fois coupé en plein milieu de la prise en déclarant à nouveau « *mike in the shot* »... Il n'avait pas remarqué, pas plus que le reste de l'équipe, que le perchiste avait fait semblant de tenir sa perche qu'il avait laissée derrière les décors pour cette dernière prise...

Plan (13), Dans une séquence il y a habituellement plusieurs plans (lorsqu'il n'y en a qu'un seul on parlera alors d'un plan-séquence) dont on pourra tourner plusieurs prises, jusqu'à ce que l'on soit satisfait du résultat. On dit aussi, en parlant de la façon de cadrer (voir cadre) un plan général, un plan moyen, un gros plan ou un plan fixe (statique) quand la caméra est immobile. Au Québec on utilise volontiers le terme anglais *shot* . Par exemple, un caméraman dira au réalisateur : « j't'ai fait une belle shot de la montagne... », ou bien le réalisateur demandera au caméraman « une shot serrée de la fille » (close-up ou gros plan). Note : il est assez fréquent d'entendre un membre de l'équipe déclarer que « le plus beau plan c'est le dernier plan de la journée » ; celui que l'on appelle le « *window shot* » (parce que « *Window we go home ?* » disent certains). Les Anglais disent aussi : « *The best shot of the day is in the bottom of a glass, after everything is finished...* ».

Plateau (6), Dans un studio, endroit où l'on implante un décor et où l'on effectue les prises de vue. Par extension, dans l'expression « technicien de plateau », endroit où l'on effectue les prises de vue (Dictionnaire du Cinéma Larousse). *Set* *Q É-U A*. Cet endroit et le moment auquel il faudra y être varient en fonction des réalisateurs et des producteurs, qui ne manquent pas d'imagination. Par exemple, une nuit de janvier, le samedi, par -30° Celsius, dans une carrière à Carignan, où l'on a reconstitué un village inuit ; ou pire encore au mois de mars, le samedi, la nuit, par -40° Celsius, en « banlieue » de Frobisher Bay, où l'on a reconstitué un village Inuit parce que celui de Carignan était à moitié fondu. Note : la vie de plateau ne convient pas à tout le monde...

Prise (36), Enregistrement d'un plan d'un film (Dictionnaire du Cinéma Larousse). *Take.* *Q É-U A*. Le nombre de fois où l'on procédera à l'enregistrement du plan peut varier énormément ; Stanley

Kubrick dépasse régulièrement les cent prises alors que Buñuel se contentait de faire une ou deux prises. D'autre part il y a des plans qu'on ne filmera qu'une seule fois : par exemple, une cascade très dangereuse. À propos des plans qu'on ne filme qu'une seule fois, les techniciens aiment bien raconter (ou se faire raconter) des anecdotes comme la fois où... un assistant caméraman montréalais (qui ne travaille plus dans le milieu) s'était rendu compte, après la prise, qu'il avait oublié d'engager la pellicule dans le couloir de la fenêtre d'exposition de la caméra, alors que la grosse pierre avait dévalé la falaise en suivant exactement la trajectoire prévue et avait complètement démoli la petite maison, juste après que le chien fidèle n'en soit ressorti.

Producteur (14), Le producteur est le fabricant du film au sens économique : c'est lui qui rassemble tous les éléments nécessaires à la fabrication du film : sujet, vedettes, techniciens, studio, réalisateur, financement, etc. (Dictionnaire du Cinéma Larousse). Des producteurs, il y en a des sérieux, des « pas sérieux », des gros, des moyens, des petits, des croches, des bien, des « qui sont associés », des « qui font faillite », des « qui font des millions », des « qui sont délégués », des « exécutifs », des « qui ne font que des commerciaux », des « qui ne font que des longs métrages », des « qui sont fous à lier », des « qui sont strictement des financiers », etc.. Note : lorsqu'un technicien est approché par un producteur qu'il ne connaît pas, il est saisi d'un réflexe quasi-pavlovien qui le fait s'emparer du téléphone, le plus rapidement possible, pour chercher à en savoir un peu plus au sujet de cette personne qui raconte qu'elle veut tourner un film... V. **Maison de production.**

Profondeur de champ, Plage des distances, de part et d'autre de la distance de mise au point, à l'intérieur de laquelle l'image des objets filmés paraît nette (Dictionnaire du Cinéma Larousse). Alors que le cadreur regarde dans l'œilleton pour composer son image, le pointeur (voir assistant caméraman), lui, sans voir l'image, doit évaluer la distance entre le couloir de la caméra et le sujet. Le sujet peut être mobile ou non, tout comme la caméra et l'assistant doit continuellement rectifier la distance sur la bague de mise au point de l'objectif afin que l'image cadrée soit nette. La profondeur de champ variera en fonction de la quantité de lumière, de l'objectif, de la distance du sujet, de la sensibilité et du format du film. Ainsi la plage des distances pourra s'étendre de quelques pieds devant la caméra jusqu'à l'infini, ou bien se réduire à moins d'un pouce. Note : pour l'assistant caméraman la profondeur de champ c'est quelquefois « la zone d'erreur acceptable ».

Réalisateur (7), Technicien responsable de la fabrication d'un film (Dictionnaire du Cinéma Larousse). Signe caractéristique : les réalisateurs aiment bien dire « Accction » et « couuupez »... Comme dans le cas des producteurs, il y a toutes sortes de réalisateurs : des compétents et des incompétents. Note : il y a même une race de réalisateurs qui sont explicitement choisis par les producteurs parce qu'ils font tout ce qu'on leur dit de faire...

***Rushes* (21)**, Copies positives tirées par le laboratoire dès le développement du négatif et dont la projection, généralement effectuée en fin de journée pour les plans filmés la veille, permet à l'équipe de réalisation d'apprécier le résultat des prises de vue (Dictionnaire du Cinéma Larousse). Note : au Québec, en plus de l'équipe de réalisation, un peu tout le monde va voir les rushes. On y retrouve particulièrement les principaux membres de l'équipe caméra qui sont là, entre autres, parce que c'est toujours mieux, si le cas se présente, d'avoir vu de visu de quel crime on est accusé..., le(s) producteur(s) qui est(sont) là, pour savoir, si besoin s'en fait sentir, qui doit être accusé, la scripte (voir script-girl) qui doit pouvoir fournir toutes sortes de détails à toute personne qui les demande pour pouvoir mieux accuser ou mieux se défendre, et le monteur qui regarde les rushes en écoutant attentivement tous les reproches qui sont distribués et qui pourront lui servir le jour où on lui dira que son montage pourrait être meilleur...

Sac noir (29), Voir **Assistant caméraman.**

Script-girl (25), Ancienne dénomination de la secrétaire de plateau. Collaboratrice du réalisateur, chargée de noter toutes les informations techniques et artistiques relatives à chaque prise (Dictionnaire du Cinéma Larousse). Aux États-Unis et en Angleterre on dit *script-girl* ou *Continuity person* et au Québec on parle de la scripte. On peut dire que la scripte est avant tout le chien de garde de la grammaire du langage cinématographique et de la logique inhérente au récit. Note : en général les réalisateurs aiment bien les scriptes fidèles qui n'aboient qu'en cas de danger réel mais il ne faut pas oublier qu'il y a toutes sortes de réalisateurs et que tous les goûts sont dans la nature.

Techniciens (15), Au Québec, comme un peu partout ailleurs, les techniciens de cinéma sont habituellement des pigistes qui savent tous, au fond d'eux-mêmes, qu'ils sont « *as good as their last job...* » d'autant plus que la compétition est de plus en plus féroce. On comprendra donc que la critique négative, bien ciblée et le « *brown nosing* » (voir ce mot) soient particulièrement florissant dans ce milieu... Note : c'est peut-être pour cette raison qu'au Québec les techniciens s'appellent familièrement, entre eux, les « technichiens »... V. Craft. V. **« C'est porc frais Bar Salon... ».**

Wrap (9), À la fin de la journée, quand le tournage est terminé, le directeur de production ou l'assistant réalisateur dit, haut et fort, afin d'être entendu de tous : « C'est un wrap ! » ou (si c'est un film produit par des anglophones) « *It's a wrap* ! ». Alors, si la situation le demande, on commence à remballer « wrapper » le matériel qui est sur le plateau. Le wrap c'est aussi, pour ceux qui n'ont pas à continuer à travailler, le moment de boire une bière tout en parlant de tout et de rien. La bière du wrap est un moment privilégié pour le *brown nosing* et la médisance bien ciblée... Quelquefois le wrap est suivi d'un « *tail-gate party* » (party improvisé sur la « *tail-gate* » d'un ou plusieurs camions). On peut aussi « wrapper quelque chose ou quelqu'un » (se défaire de...). Ainsi un réalisateur pourrait dire à son assistant : « Hey veux-tu m'wrapper ça c'figurant-là... pis j'veux pu jamais y r'voir la face sur un d'mes plateaux... Ça s'peut-tu avoir l'air niaiseux d'même... ». Il y a aussi le wrap party que la production organise « pour remercier tous ceux qui ont participé au tournage », et aussi pour ne pas passer pour « cheap ». Note : le vrai wrap party commence bien souvent après le party de la production, après la séance de « *brown nosing* », que certains, cependant, aiment prolonger.

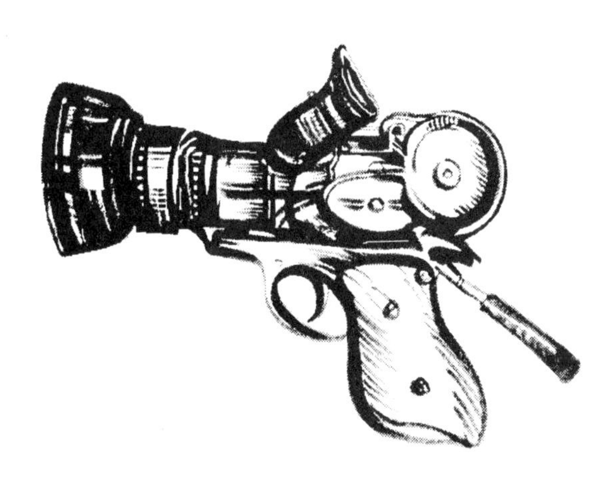

Collection L'Arbre

L'Aigle volera à travers le soleil	*André Carpentier*
L'Amour langue morte	*Solange Lévesque*
L'Anse-Pleureuse	*Claudie Stanké*
Avant le chaos	*Alain Grandbois*
Badlands	*Robert Kroetsch* traduction *G.A. Vachon*
Le Baron écarlate	*Madeleine Ferron*
Boomerang	*Monique Bosco*
La Charette	*Jacques Ferron*
Clichés	*Monique Bosco*
Cœur de sucre	*Madeleine Ferron*
Contes (édition intégrale)	*Jacques Ferron*
Les Contes de la source perdue	*Jeanne Voidy*
Contes pour un homme seul	*Yves Thériault*
D'Amour P.Q.	*Jacques Godbout*
Dessins à la plume	*Diane-Monique Daviau*
Deux solitudes	*Hugh McLennan* traduction *L. Gareau-Desbois*
L'Eldorado dans les glaces	*Denys Chabot*
Farida	*Naïm Kattan*
Feux de joie	*Michel Stéphane*
La Fiancée promise	*Naïm Kattan*
La Fin des loups-garous	*Madeleine Ferron*
La Fortune du passager	*Naïm Kattan*
Fragments indicatifs	*Jean Racine*
Les Fruits arrachés	*Naïm Kattan*
Le Goût des confitures	*Bob Oré Abitbol*
Guerres	*Timothy Findley*
Histoires entre quatre murs	*Diane-Monique Daviau*
L'Homme courbé	*Michel Régnier*
Les Jardins de cristal	*Nadia Ghalem*
Juliette et les autres	*Roseline Cardinal*
Le Manteau de Rubén Dario	*Jean Éthier-Blais*
Le Matin d'une longue nuit	*Hugh McLennan*
Une mémoire déchirée	*Thérèse Renaud*
La Métamorphaux	*Jacques Brossard*
Lily Briscoe: un autoportrait	*Mary Meigs*
Marées	*Audrey Thomas* traduction *P. DesRuisseaux*
Mirage	*Pauline Michel*
Moi, Pierre Huneau	*Yves Thériault*

La Nuit des immensités	*Huguette LeBlanc*
La Plus ou moins véridique histoire du facteur Cheval et de sa brouette	*Pierre Séguin*
Popa, Moman et le saint homme	*Jean-Paul Fugère*
Portrait de Zeus peint par Minerve	*Monique Bosco*
La Province lunaire	*Denys Chabot*
Quand la voile faseille	*Noël Audet*
Remémoration	*Monique Bosco*
Repère	*Joseph Bonenfant*
La Reprise	*Naïm Kattan*
Le Rivage	*Naïm Kattan*
La Route d'Altamont	*Gabrielle Roy*
Rue Saint-Denis	*André Carpentier*
Le Sable de l'île	*Naïm Kattan*
Sara Sage	*Monique Bosco*
La Séparation	*Jean Simard*
Silence, on coupe!	*Luc Lussier*
Les Sœurs d'Io	*Thérèse Bonvouloir Bayol*
Souvenirs de Montparnasse	*John Glassco* traduction *J.-Y. Souci*
Télétotalité	*Jean-Pierre April*
Le Temps brûle	*Marie-Claude Bourdon*
Le Temps sauvage (théâtre)	*Anne Hébert*
Théâtre: Deux femmes terribles, Marie-Emma, La vertu des chattes	*André Laurendeau*
Le Torrent	*Anne Hébert*
La Traversée	*Naïm Kattan*
Un voyage	*Gilles Marcotte*